地域格差の正体

高速道路の定額化で日本の「動脈」に血を通わす

栗岡完爾
近藤宙時

CrossMedia Publishing

はじめに――幕末の天災から日本人はどう立ち直ったか

明治維新へとつながる幕末の時代については、坂本龍馬や西郷隆盛といった立役者の活躍を含めて政治的な側面にスポットが当たり、社会情勢についてはあまり語られてこなかった。

しかし、幕末の社会情勢、とりわけ1850年代に日本を立て続けに襲った未曽有の災害は、東日本大震災の惨禍から立ち上がろうとしていたところでコロナ禍に襲われた現在の日本の状況と酷似している。それだけに、その顚末は、リーマンショック、東日本大震災、そしてコロナ禍と不測の時代の中を生きるわれわれにも参考となるところが多い。

江戸末期の日本を襲った巨大地震とパンデミック

1853年7月8日、司令長官マシュー・ペリーが率いるアメリカ合衆国海軍東インド艦隊の蒸気船2隻を含む艦船4隻が浦賀に来航し、日本中が騒然とした。そして翌年の1854年12月23日に、マグニチュード7以上といわれ、南海トラフの東側半分で起こった地震である安政東海地震が日本の中心部を襲った。駿河湾沿岸地帯では推定で震度7を記録。高知でも土蔵にヒビが入るほどに揺れ、九州でも揺れを感じたほどの巨大地震だった。
堅固な駿府城や掛川城、沼津城まで倒壊したほどの地震の被害は、関東から関西にまで及び、東海道の各宿場町では多くの建物が倒壊して火事が発生、いたるところで土地が液状化して、噴水のように泥水が噴き出したと記録されている。

さらに、その地震から立ち直る間もない1855年11月11日にはやはりマグニチュード7を記録したといわれる安政の大地震が関東を中心に襲った。この安政の大地震は首都直下型地震であり、多くの大名屋敷さえも倒壊もしくは半壊し、その後の火災で武家屋敷の80％が消失した。江戸幕府の調査では、町人の死者は4741人であり、倒壊家屋1万4346戸となっている。これには武家が含まれていないため、実際の被害はこの倍以上だったと推察されている。
ちなみに水戸の藩邸も倒壊して、その結果、水戸藩主・徳川斉昭の腹心で「水戸の両田」と呼ばれた戸田忠太夫《ちゅうだゆう》、藤田東湖《とうこ》が亡くなったことが、桜田門外の変の遠因といわれている。

当時の幕府は町人の被害など無関心だろうと思われがちだが、大商人を巻き込んだ普段からの災害対策は、時代を考えると現代社会よりも遥かに優秀というレベルだった。翌日から1週間でおにぎりの配布を受けた人数は20万2400人、お救い米を受けた町人は38万1200人余、さらに震災の2日後には、江戸のいたるところに「お救い小屋」と呼ばれた仮設住宅を建設している。

この時期は地震が集中し、前述した2つの大地震のほかにも、1854年には伊賀上野地震、安政南海地震および豊予海峡地震、1855年には飛越地震、安政八戸沖地震など、大きな被害をもたらした地震が起きている。

これらの震災から立ち上がろうとしていた江戸時代の日本を、今度は「虎《こ》狼《ろ》痢《り》」と呼ばれたコレラウイルスが襲った（「虎狼痢」はコレラと発音が近く、コレラが訛ったものと思われがちだが、コレラという名前を当時の人は知らず、かかると「ころり」と死ぬためにこう呼ばれた）。日本は1858年（安政5年）と1862年（文久2年）の2度、コレラに襲われ、特に文久2年の流行は安政5年の数倍もの被害が出た。全国の死者数は数十万人に達し、特に人口の密集していた江戸では10万人近くと実に人口の1割もの人々がコレラで亡くなったという。

どん底の人々を救った「ええじゃないか」

数度の震災、そして追い打ちをかけるようなコレラ禍。江戸は突如襲った災害によって、文字通りズタズタにされた。当然、今と違って自然の脅威にさらされやすい農業に経済基盤を依存していた江戸末期の経済は、東日本大震災後の日本経済以上に疲弊し尽くしたことは想像に難くない。実際、安政の大地震で失ったものは家屋だけではなく、現在の葛飾区亀有だけでも3万石の田畑が液状化現象によって消失したと記録にあることから、日本中で米や野菜が高騰し、幕府は価格統制を持ってこれにあたっている。

これらの災禍が立て続けに起きなかったら、徳川幕府は討幕の嵐を乗り切ったかもしれないし、そもそも倒幕運動自体が起きていなかったかもしれない。いずれにしろ、日本はかつてない災害の連続によってどん底にまで落ち込み、人々の心も委縮し、次の災難に備えてわずかな金銭でも蓄えるようになり、経済活動は凍てついた。

その鬱々としていただろう空気を一変させ、幕末に終止符を打つ出来事が、1867年(慶応3年)の夏に起きた。

どこで始まったかは諸説あるが、近畿・東海地方から最終的には日本中で、地元の中心的な神社のお札が撒かれた。人々は地域の神社へ詣でて「ええじゃないか」と謳いながら祭礼を行い、それはおよそ1週間続いたという。地元で祭礼を行っただけでなく、多くの人がお陰参りと同様に伊勢神宮にも参拝している。特に東海地方以東ではお陰参りと同様に伊勢神宮のお札が撒かれたため、伊勢参りが盛んに行われた。

この「ええじゃないか」は、西暦では翌1868年1月3日、旧暦では同じ慶応3年12月9日に王政復古の大号令が発せられるまで続いた。

「ええじゃないか」は、討幕の志士たちが民衆に反幕府の気分を流布するために行ったという説もあるが、原因に関する定説はない。ともあれ各地で降った神社のお札が基になり、日本中の人々が、信奉する神社にお参りし、祭礼を行った。「ええじゃないか」での伊勢神宮の参拝者は、記録に残る1830年のお陰参りでの数百万人と同程度だったと考えられる。当時の人口は三千数百万人に過ぎなかったから、伊勢神宮だけでも現在に置き換えれば2000万人近くもの人々が参拝し、その他ほとんどの人々が1週間にも及ぶ祭礼を楽しんだ。

1830年の伊勢神宮へのお陰参りの経済効果は86万両以上と推計されている。1両は現在の価値に直すと12万円程度※だから、1000億円程度の直接的経済効果があった。この1000億円という数字は、3兆円程度だったと推計されている当時のGDPの3％程度にも相当する。伊勢神宮への参拝客だけでこの数字だから、日本中で行われた地元の中心神社への参拝と祭礼が生んだ経済効果は計り知れない。

結果的に「ええじゃないか」は、相次ぐ災害に疲弊していた人々の心を晴らし、離れた地域間の人と人との交流を促進し、経済活動を活発にさせ、明治の文明開化を迎える態勢を取らせたといえる。

気象庁のデータによると、現代の日本も、新潟県中越地震や東日本大震災をはじめとして、災害をもたらした地震だけでも2000年から2021年6月までで150回も起きている。また、近年は集中豪雨の被害も多く、毎年300回前後もの集中豪雨が日本列島を襲っている。そうした心を塞ぐようなニュースの多い災害列島・日本を、コロナ禍が襲ったのだ。やっと諸外国並みになりかけたインバウンドもゼロになり、国内の移動さえも制限された。

北海道や沖縄県をはじめ東北・九州の各県は、県民所得ランキングでは東京都の半額に近い自治体も多いが、一方で魅力度ランキングでは上位が多い。この高い魅力を活かして県民所得

※ p205～206 参照

を向上させ、倍近くもある地域間格差をなくすには、何よりも他の地域からの県境を越えた交流が活発でなくてはならない。その交流が止まったり、何かの障碍があったりしては、北海道や沖縄の高い魅力も宝の持ち腐れに終わってしまう。それでは、地域間格差は開くばかりだ。

「GoTo」キャンペーンのような大型補助を打てば、いくらかは交流が活発化する。だが、それもコロナ前の状況に戻れば御の字だろう。急に倍にするなどは夢のまた夢だ。しかも、補助金が底をつけば、それこそ「一過性のお祭り」に終わってしまう。

コロナ禍を経た今こそ、人々の心を浮き立たせ、人々の交流を活発にし、経済活動を活気づける「ええじゃないか」に代わる起爆剤――それも補助金のように一過性に終わらず、この先もずっと活況が続く、永続的な仕組みが何よりも必要なのだ。

実は、「ええじゃないか」ほどに物騒ではなく、人々の心を晴れやかにし、交流を促進し、経済活動を活性化する、驚くほど簡単な方法がひとつある。それは、日本の動脈に血を通わすこと、つまり、日本全国に張り巡らされた高速道路の使い勝手を今より遥かによくすることだ。

そのために必要なのは、国がただ決断することだけ。追加の費用はほぼかからない。そのことについて、じっくりと語りたい。

②解決策　高速道路を「定額走り放題」にする

- 世界一使えない「遠くに行くほど高くなる距離制料金制度」を廃止
- 同一のNEXCO内は走り放題の「定額制」にする

↓

- 「モノの流れ」と「人の流れ」が格段によくなる

③メリット　定額制にすると何がよくなるのか？

物流・移動コストが安くなる	高速道路の利活用が進む	出口に料金所が不要 ＝ 広大なインターチェンジが不要
・国内製造原価が低減する ・観光交流が活発化する ・地域間格差が是正される	・交通事故が減少する ・渋滞が解消される ・省エネが進む	・出口を簡単に整備できる
↓	↓	↓
・国際競争力が上がる ・国内消費が拡大する ・東京一極集中の是正	・交通事故死者600人減 ・消費燃料400万kℓ削減 ・渋滞損失7億人時間削減 ※高速道路分担率が現状の16%から欧米並みの30%に上がった場合	・利便性が向上する （目的地の直近で降りられる） ・渋滞を解消できる （出口渋滞を解消できる）

高速道路を「400円走り放題」にするだけで、GDPは35兆円増加する

何が経済の停滞・地域格差の拡大をもたらしているのか？

①問題点 コロナ禍にあって経済の立て直しが急務

- 先進国の中で日本だけは経済が大きく停滞したまま
- 日本人による国内旅行の経済波及効果は非常に高く即効性がある
- 国内旅行消費額がドイツやイギリスの半分以下であるのには理由がある

↓

- 最大の元凶は経済の大動脈である「高速道路」にある
- 高速道路料金が鉄道料金より高いのは日本だけ
- 料金制度が高速道路の使い勝手を極端に悪くし、都市と地方の格差や地域間格差を拡げている

④検 証 400円走り放題でも料金収入増額は変わらない

	現行収入確保のためには（2兆3900億円）	償還を止めれば（1兆円）
軽自動車	300円	200円
普通車	400円	200円
大型車	1,500円	600円
特大車	2,500円	800円

●どこまで走っても上記の定額料金（ただし、同一NEXCOのゾーン内）
●各車両区分ごとの通行台数割合を、軽自動車5%、普通車60%、大型車30%、特大車5%として試算

※なお、NEXCO中日本・西日本は車両区分ごとの通行割合・料金収入金額を一切公表していない

『地域格差の正体』　目次

第2章 日本の高速道路料金はなぜおかしいのか？

第4章 定額制料金制度は経済と地域活性化の切り札になる

校正／小倉レイコ

序　章

日本は今も
先進国なのか？

序章の要点

◎統計は経済の鏡だ
◎各国の統計は人口比で見る
◎20年間、先進国の中で日本だけが停滞し続けている
◎日本の労働生産性は先進国中で最下位、対ＧＤＰ輸出比率は世界１８４位
◎経済停滞を引き起こしているボトルネックが必ずある

統計が示す「失われた20年」の日本経済の実態

コロナ禍に襲われた今でも、多くの読者は、日本が先進国であり、その中でも上位に位置すると信じていることだろう。世界で7カ国しか参加していない先進国首脳会議（G7）のメンバーだし、中国に抜かれたとはいえ、GDPの大きさは世界第3位だし、自動車産業は強いし、間違っても発展途上国なんかである筈がないと。

だが、現実を映す鏡である統計を見ると、とても先進国とはいえない状況が浮き彫りになってくる。

余談になるが、企業経営においては「評判がいい」とか、「売れている」などという基準のあいまいな指標で判断していては必ず失敗する。いくら「いい製品ね」と褒められていても、赤字を出していては仕方がない。財務諸表に表れた統計数値だけが事業の正確な鏡であり、経営の判断材料だ。

実は、行政においては企業以上に統計だけを指標とすべきだ。企業なら、悪い商品を作っていれば、いくら糊塗をした宣伝をしようが、いつかは倒産することになるだろう。しかし、行政はいくら悪政であっても、怠けていても、企業のようには倒産しない、経済が困窮し、国民の負担が増えるだけだ。だからこそ、行政は企業以上に統計データだけを指標として、政策の良し悪しを判断しなければならない。また自国の経済状況を知るには、他国の統計データと比較しなければならない。

日本はもはや先進国ではない

日本はG７の中ではアメリカに次いで人口が多い。そのため、中国に抜かれたとはいえGDPは世界でいまだ3位を保っているように、国全体の経済力は大きく映る。だが、実際の経済力は１人当たりで見るべきである。それは、世界第2位の中国が実際はどんな状況なのかを考えれば、感覚的にも納得できるだろう。

GDPそれ自体の大きさ、いわゆる経済力ランキングで世界トップ5から中国を除いた4カ国は、長らく先進国として世界をリードしてきたアメリカ・日本・ドイツ・イギリスである。図表1は、その4カ国の「1人当たりGDP」の世界における順位をグラフ化したものである。

経済大国４カ国のうち、日本の凋落ぶりが目立つ。この20年は「失われた20年」と呼ばれるが、そのことをこのグラフは如実に示している。２０００年に世界で２位を記録してから、ほぼ一方的に右肩下がりで順位を落とし、２０２０年度は24位と、２０１９年にＷＴＯが規定する「発展途上国」から抜け出したばかりの29位の韓国が近づいてきている状況だ。

どうして順位がこの20年間で落ちたのか、次ページ図表２のＧＤＰを人口で割った１人当たりの経済力（平均所得ともいえる）の推移で見るとよくわかる。アメリカ・ドイツ・イギリスが程度の差は

図表１　各国の１人当たり GDP の順位の推移

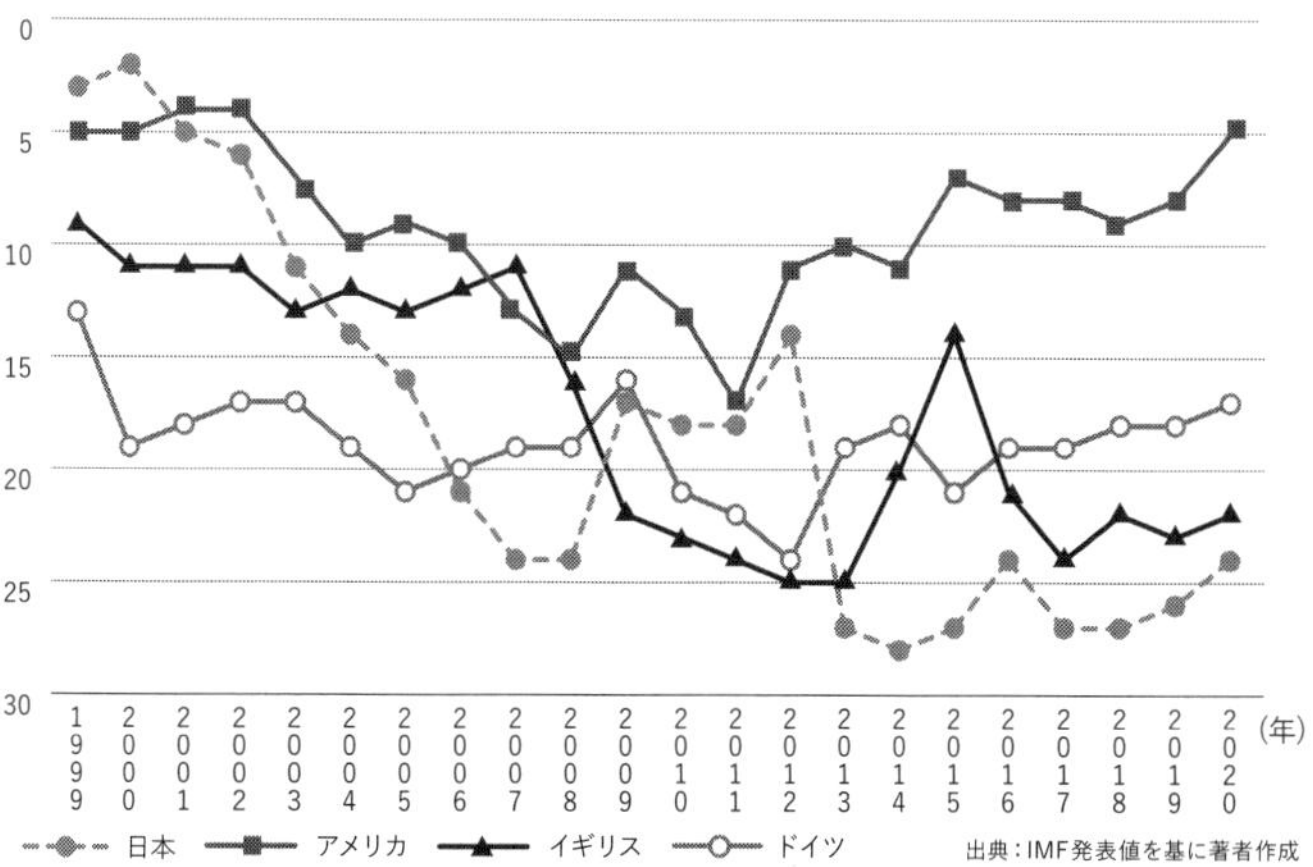

出典：IMF発表値を基に著者作成

あれ1人当たりの経済力を上昇させているのに対して、日本だけがひとり取り残されている形だ。

「モノづくり大国」ですらない日本の現状

日本の経済状況は、今見たように1人当たりGDPの凋落ぶりに顕著に表れている。しかし、いまだに日本は「モノづくり大国」であると信じている人も多い。そのために、輸出しやすい環境になると信じて、安倍政権から引き続き、ある意味で「国の安売り」ともいえる円安を維持することに血道を上げてきている。

では本当に、日本は「モノづくり大

図表2　各国の1人当たりGDPの推移

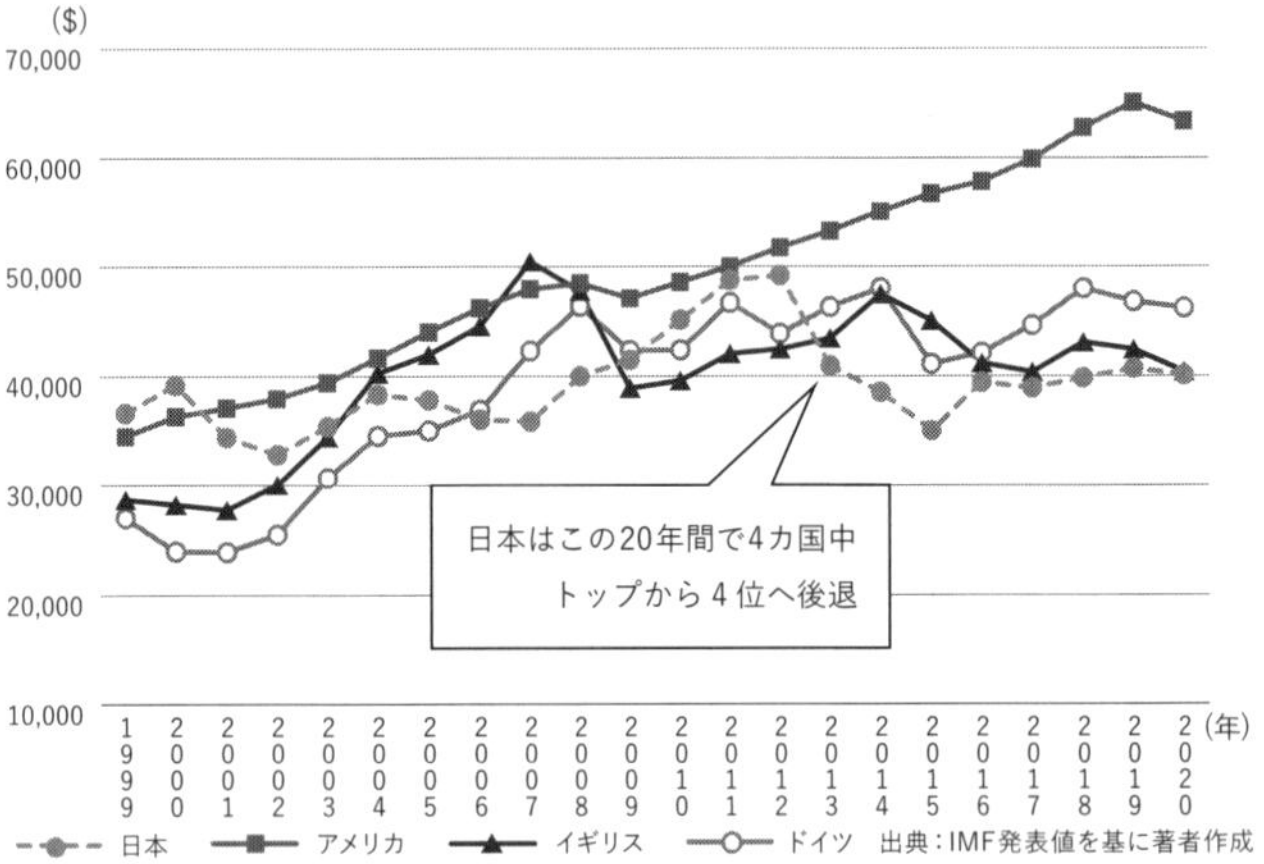

出典：IMF発表値を基に著者作成

国」で「輸出大国」なのだろうか。

資源を持たない日本は、輸入した資源を加工して売れる製品に作り替える加工貿易をするしかない。もし日本をモノづくり大国というなら、加工貿易の主役である製造業の労働生産性（従業者1人当たりの付加価値生産額）は群を抜いて高くなくてはいけない。実際はどうか、図表3を見てほしい。

日本の労働生産性は世界で16位であり、その額は9万8795ドルと、ドイツやイギリスと同程度ではあるものの、「製造業は終わった」といわれているアメリカの14万8480ドルに対して約3分の

図表3　OECD加盟国の製造業の労働生産性

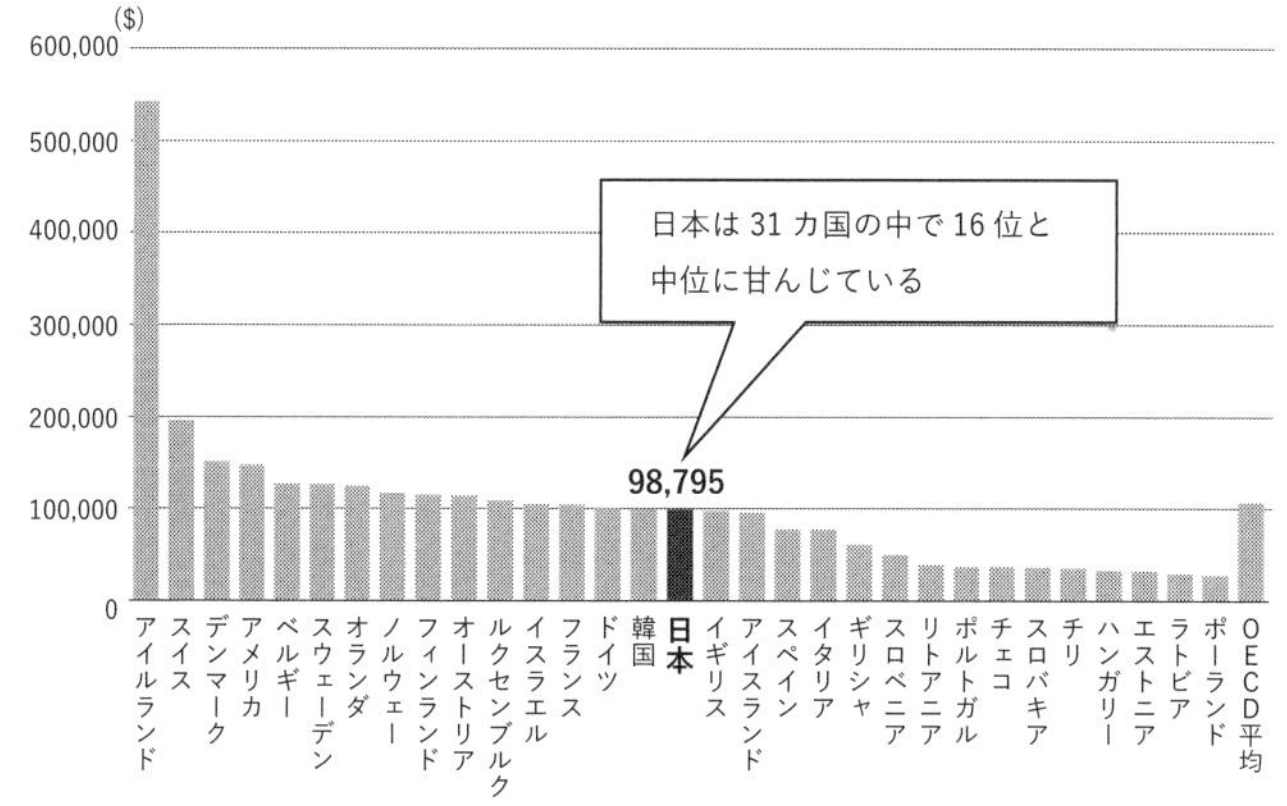

出典：OECD「National Accounts Database」「Employment and Labour Market Statistics」ほか
※ 2018年度の統計であるためOECD加盟国数は31カ国

2でしかない。これで「モノづくり大国」といえるだろうか。

しかし、実はそんなモノづくりでも、日本の全産業の中では間違いなく優等生である。製造業の生産性を１００とすると、サービス業の生産性は約70、商業にいたっては約60でしかない。このため日本の全産業の労働生産性は、OECD加盟国36カ国中で21位とさらに悪くなる。

また、日本はモノづくり大国であると同時に輸出大国のようにいわれるが、図表４に示すように、絶対値で人口の少ないドイツやオランダの後塵を拝している。しかも、この5位という順位さえ人口の

図表4　上位20カ国の輸出額

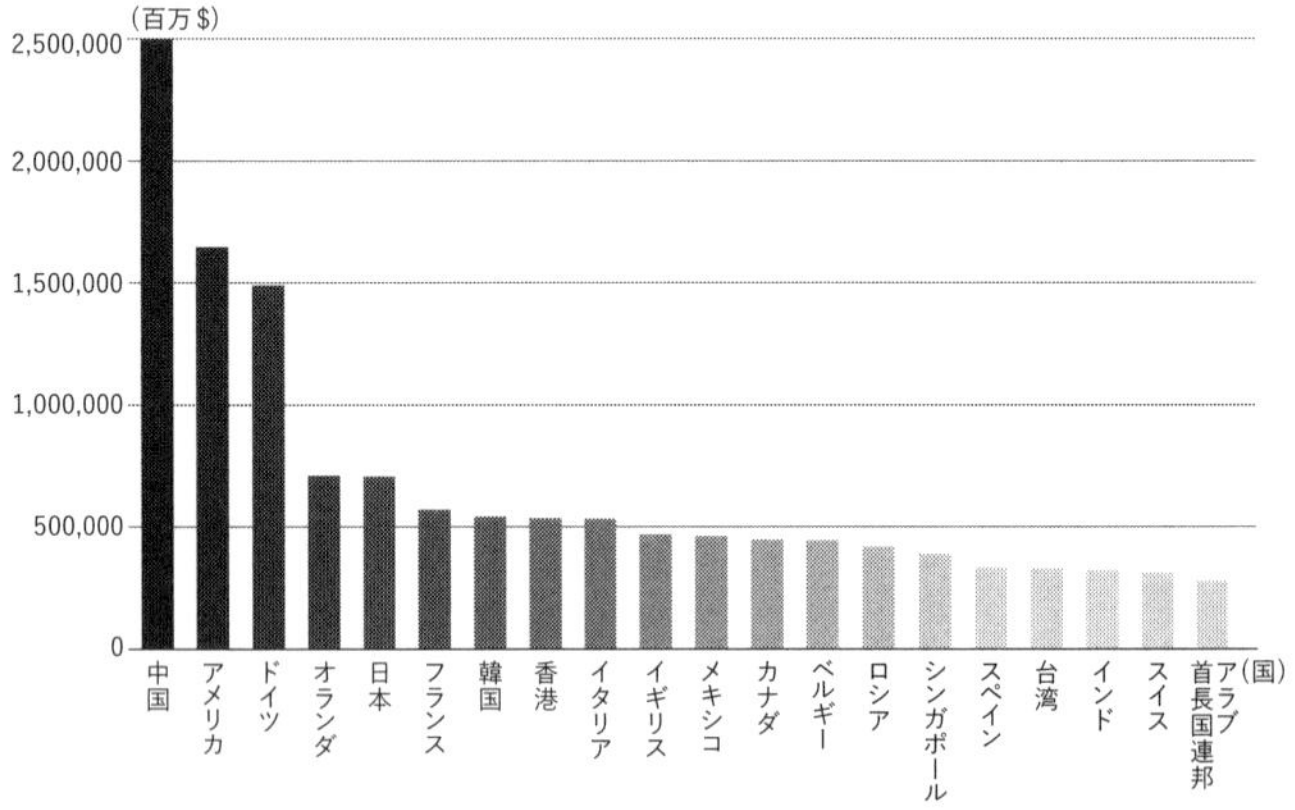

出典：GLOBAL NOTEを基に著者作成

多さに助けられたもので、実力とはかけ離れた順位である。輸出額をGDPで割った輸出比率で見ると（あまりに低位のため煩雑になるのでグラフは省くが）、データのある207カ国中でなんと184位という順位になってしまう。また、景気がよくなったとされている2019年度でも対前年度経済成長率はデータのある193カ国中で160位である。

この20年間の経済停滞が、この20年あまりに150回も起きた地震災害のせいかどうかはわからない。ただ、コロナ禍に苦しめられる以前から、日本の経済は先進国とはいえないレベルにまで落ち込んでいたことは、動かしようのない事実である。

経済発展を阻害しているボトルネックを探せ

これが、コロナ禍に苦しめられる前の日本の経済力の実態である。コロナ禍を受けた日本が、今後ここからさらにどれほど落ち込むかわからない。一刻も早く、その原因はどこにあるかを突き詰め、そして、どう治したらいいのか、その処方箋を作る必要がある。そうでなければ、日本経済は崩壊を免れず、遠からず中進国どころか発展途上国にまで落ち込むだろう。

一方で、国際的な学力テストの結果を見ても、日本人自体の能力は経済ランキングと違って、今でも高い順位を保っている。人材的にはもっと経済が発展していていい筈なのだ。何かが日本の経済発展を阻害しているとしか考えられない。その何か、つまり日本経済のボトルネックを突き止めなければならない。

原因がわからなければ、永遠に病は治らない。「ここが悪い」と目に見える部分だけに手を打ち、ボトルネックである病因を見つけ出して治すことがなければ、次の瞬間にはほかの部分が痛み出す。病因を突き止める努力をせずに、対処療法ばかりしていては、いずれ死に至らせかねない。それと同じで、日本経済のボトルネックを突き止めず、単に悪い部分だけに目をつけていては、いつまでも日本経済は立ち直らない。逆にボトルネックを見つけて、それを改善すれば、すべてがうまく動き始める。体は根本から元気になるのだ。

ある人は「経営者の質が悪い」とか、またある人は「日本型人事に問題がある」とか言うが、そうした実態を明確に示していない感覚的な話では、物事の改善は見込めない。逆に、具体的なシステム上の問題として捉えれば、必ずボトルネックを見つけ出し、具体的な対策を取ることができ、改善できる。たとえば工場で作られる製品に何か欠陥が見つかれば、その原因＝ボトルネックは必ず生産ラインというシステムの中にある。

普通、産業界では、ボトルネックがあるなら、それは「飛躍が約束されている」と考える。なぜなら、ボトルネックがないなら、コツコツと改善を重ねていくしかないが、ボトルネックがあるなら、それを見つけて取り除けば、一気にモノは流れ出すからである。

日本の経済発展を阻害しているボトルネックを探し出し、それを取り除くことで日本経済は飛躍できる。それは、人・モノ・情報の流れを阻害しているものだということは、想像がつく。

人・モノ・情報が流れる「何か」がボトルネックになっている。それは、道路だろうか、鉄道だろうか、それともインターネットだろうか？

第 1 章

経済活性化の最大の起爆剤は観光である

第1章の要点

◎観光産業には即効性がある

◎観光産業は伸びしろが大きい

◎消費の主役はインバウンドより国内旅行

◎日本人が一番お金を使いたいことは国内旅行

◎日本人の国内旅行消費額はドイツやイギリスの半分

◎日本人がドイツ人並みに国内旅行をしたらＧＤＰは80兆円も増える

◎日本の高速道路料金は鉄道運賃より遥かに高い

◎日本人が国内旅行をしたいのにできなくしている元凶は高速道路の料金制度

1 あるべき観光政策の方向性

即効性がある観光産業

モノづくり、製造業は日本の得意分野であるが、車や家電などの一部の分野を除くと、国内市場が大きかったために、輸出にはあまり力を入れてこなかった。そのため、国際競争力を持つまでにはかなりの時間がかかる。最近は、新製品の開発ペースが短く、早くなったといっても、車でいえばモデルチェンジの目安期間は4年であり、実際の開発はその2倍もの期間がかかっている。変化の速いITの世界でも、スマートフォンの買い替え期間は4・9年であり、モデルチェンジをしてもすぐには結果につながらない。まして、その経済規模を増大させようとするのは、この20年間、日本経済が停滞していたように極めて難しく、一朝一夕に実現できるものではない。

それは、ずっと企業誘致を行ってきた地方にとっては、特に困難なことだ。明治以来の悲願と言っていい中央と地方の格差は、縮まる様子がない。限界集落となってしまってから工場誘致しようにも、工場で働く人にも事欠き、工場が進出してくれるのは夢のまた夢。

しかし、観光はほかの産業に比して、多大な時間と投資を必要とせずに、活性化し得る分野だ。それだけに、地方にとっては最初に手をつけるべき産業分野であり、同時に最後の砦となり得る産業分野だ。

実際、古くは赤レンガ倉庫の活用で賑わいを取り戻した函館から、黒壁スクエアによって旧来以上の活気を取り戻した滋賀県の長浜市など、そうした実例はいくつもある。観光とは字のごとく、光を観せることにある。そして、その光は新たに作る必要がない。歴史・文化（とりわけ食文化）・地理的状況など、もともとその地にあった光を見つけ出し、時流に合った観せ方をすればいい。単なる農作業の現場である棚田も、観せ方を工夫すれば唯一無二の資源になり得る。


余談になるが、忘れてはいけないのは、人は「素晴らしいものを見る」という建前だけでは動かない。また建前だけでは産業として地元を潤してはくれないという点だ。「花より団子」という言葉があるが、観光を産業化するには、「花と団子」――つまりは、素晴らしいものを見に行くという建前と、美味しい料理や菓子、そして土産が買えるという本音の両方を用意する必要がある。あるいは、その地域にすでにあるものから「花」と「団子」の両方を見つけて、これらに光を当てる必要がある。

宇都宮の餃子などは、最初から本音と建前、「花」と「団子」が一致している光だったから、見せ方を考えれば、観光を産業化し、地元を潤すのは比較的やさしかったといえる。

江戸時代に「お陰参り」により、1年で全人口の2割近い数百万人もの人が向かった伊勢神宮も、この「花と団子」が揃った好例だ。伊勢神宮参拝という最強の「建前」と、伊勢湾の海の幸、古くからの菓子、そして居心地のいい宿に、近くには温泉まであり、「団子」も当時から充実していた。その他にも、現代の観光産業さえ敵わないほどのサービス体制が整っていた。

たとえば、伊勢で土産を頼むと、頼んだ客が江戸に戻る頃に定期便で届けるという宅配サービスまであったという。だから、『弥次喜多道中』の弥次さん・喜多さんは、小さな振り分け荷物だけで江戸から伊勢まで旅ができたのである。また、伊勢までの道が、東海道をはじめとしてきちんと整備され、山賊などにも遭わず安全に通行できたこと、そして、原則として通行料がいらなかったことは、頭に入れておく必要がある。

本題に戻るが、「お陰参り」のお札のように、国内旅行は何かきっかけがあれば、比較的早くに活性化させることができる産業分野である。なぜなら、ほかの消費財は大量生産時代を経て国民すべてに行き渡り、新規の需要は少なく、消費してもらうには買い替え時期を待つしかない状態にあるが、国内旅行はまだ日本人すべてが「もういらない」と言えるほどには充足していないからだ。

「もしお金があったら何をするか。何を買うか」という各種の調査でも、国内旅行がたいてい一番に挙がる。つまり、国民の多くは観光に飽きてはいないし、充足もしていない。何かのきっかけさえ作れれば、国内旅行産業は一気に拡大できる可能性を秘めている。需要側だけでなく、供給側のほうも、2018年の年間客室稼働率は61・1%でしかなく、ほかの産業に比べてまだまだ拡大できる余力がある。

その意味では、コロナ禍でどん底に落ち込んだ日本経済を立て直そうとして時の政府が行った「GoTo」キャンペーンは、方向性だけは間違っていなかった(時期と方法論は大いに間違っていたが)。

コロナ禍でどん底にまで落ち込んだ日本経済をすぐに立て直すには、まずは国内旅行を促進させるのが一番だ。

大いなる無駄だった「GoTo」キャンペーン

観光を活性化させるという政策の客体は間違っていなかった「GoTo」キャンペーンだが、その1・7兆円という前代未聞の補助金規模に対する効果の少なさ、逆にその18％、3000億円にも及ぶ巨額の事務委託費、それより何より、コロナウイルスの感染者数が連日うなぎ上りの時期に始められたというタイミングの悪さから、批判にさらされ続けた。

だが、本当に批判されるべきは、国内旅行を増やすために、またコロナ禍が直撃し倒産の危機にある国内旅行業を支援するために、「国民一人ひとりの旅行代金を補助する」という方法だ。これは、補助金がなくなれば後に何も残らないという、まさにバブルに過ぎないバラマキ補助そのものであり、それを決定した思慮のなさは追及されてしかるべきだ。

本来、政策的に行われる補助は、補助が終わった後にも経済効果が持続・拡大する、「消費が持続的に拡大する効果が見込まれる投資」に対して行われるものである。倒産の危機にある国内旅行業を支援するなら、速やかな回復が期待できない国内旅行産業からほかの産業への転換費用を補助するほか、補助を受けた後も継続的に売上が増大するような施設の整備、魅力ある観光地作り、観光資源の掘り起こしなどに支援をすべきなのだ。また、コロナ禍が過ぎた後に国内旅行客の増大につながる道路や鉄道などの交通手段の整備こそが、行うべき政策だった筈である。

約1・7兆円という金額は、都道府県に均等割で交付しても1県当たり実に約362億円もの巨費になる。東京・としまえんの跡地に整備予定の映画『ハリー・ポッター』のテーマパークの整備費が百数十億円、愛知県が発表した「ジブリパーク」の整備費が340億円であることを考えると、この約362億円という金額は、日本中から客が呼べる施設を造るのに十分な金額なのである。

それを後に何も残らない、ただの「短期のバラマキ補助」に使うというのは、国土交通省（国交省）はあまりに能がないといわれても反論できないだろう。しかも、都道府県に補助するのなら、3000億円にも及ぶ事務委託費は1円もいらず、すべて観光の魅力アップに注ぎ込めた筈だ。

観光の主役はインバウンドではなく、日本人の国内旅行だ

だが、その前に、当時から政権は観光産業活性化の本質を見誤っていた。

安倍政権は、「2020年には来日観光客数を2000万人、観光消費額を4兆円にする」と2008年に決められていたインバウンド目標を、2016年には「2020年に4000万人、8兆円」に引き上げると上方修正し、カジノを中心としたIRの推進や観光ビザの発行基準の緩和などをはじめ、インバウンド拡大のためにさまざまな政策を行った。

その結果、2011年に622万人だった来日観光客数は、2019年には3190万人に達し、その消費額は8135億円から4兆8113億円へと、それぞれ約5倍もの数字へ伸びを示した。

しかし、かなり無理をして伸ばした4兆8113億円という数字も、日本人による国内旅行消費額の21兆9312億円（観光庁発表値、2020年4月）の4分1以下でしかない。全観光産業の売上に占める割合はわずかに18％に過ぎない。

もともと1でしかなかったものを倍にするより、もともと10であったものを1割増やすほう

がずっと簡単なことは、子供でもわかるだろう。しかも、国内旅行とインバウンドには、一方的な関連性がある。

インバウンドが増えても自動的には国内旅行は伸びないが、国内旅行が伸びれば自然にインバウンドも増える。自国の国民が行きたくもない観光地に外国から人が来るのは極めて稀だが、自国民が魅力を感じる観光地には、外国の人も魅力を感じるものだからだ。

宇都宮餃子を求めて人が宇都宮を訪れるようになったのも、宇都宮の人たちが宇都宮餃子を何よりも愛し、その消費額が日本一だったからにほかならない。事実、インバウンドの多い観光地は、日本人が行きたい観光地と一致している。

しかも、日本人はもっともっと国内旅行をしたがっている。国内旅行をしないのではなく、何らかの理由でできないから、していないだけだ。

前述のように、「もしお金があったら何をしたいか。何を買うか」という調査で、たいてい1位に来るのは国内旅行である。このことは、コロナ対策として全国民一律に配った10万円の特別定額給付金の使い道の調査にも表れている〈図表5〉。

困窮する国民生活を支援するために配られたという特別定額給付金の趣旨から考えて、生活費の補填に使われることが1位となり、困窮した時の備えとしての貯金が2位となるのは当然であるが、3位は「国内旅行」であった。つまり、具体的な使い道としては、国内旅行が1位なのである。

コロナ禍の中にあっても、国民の約1割もの人が、何よりも国内旅行をしたいと考えていたという事実は非常に意味が深い。

国内旅行はきっかけさえ作り出せば、必ず急増するのだ。コロナ禍に喘ぐ日本経済の救世主は、間違いなく国内旅行である。

図表5　特別定額給付金の使い道（複数選択）

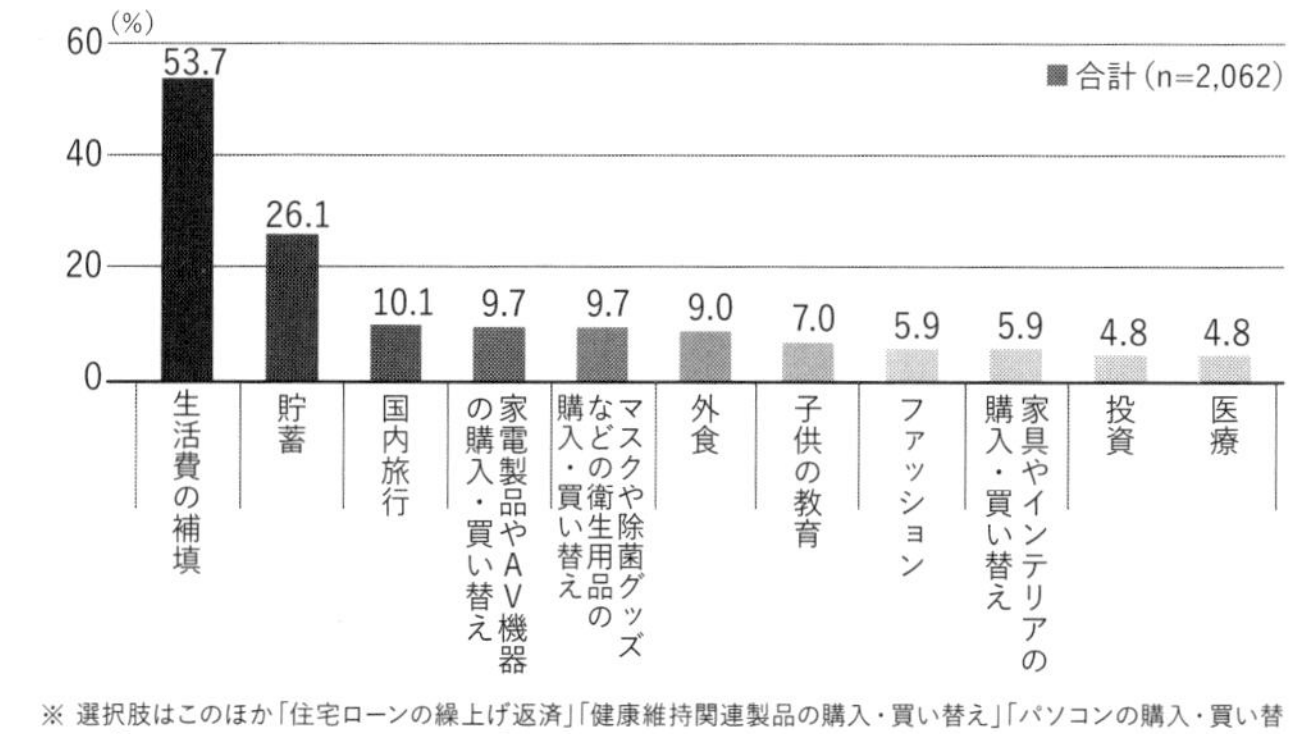

※ 選択肢はこのほか「住宅ローンの繰上げ返済」「健康維持関連製品の購入・買い替え」「パソコンの購入・買い替え」「スマートフォンの購入・買い替え」「自転車やバイクの購入・買い替え」「自動車の購入・買い替え」「海外旅行」「美容エステ・マッサージ」「映画・舞台・コンサート・ライブ鑑賞」「スポーツ観戦」「習い事や自己啓発」「ペット関連」「育児や保育関連」「友人や知人との交際」「辞退」「保険」「寄付」「ふるさと納税」「その他」の計30

出典：日本生命保険調べ

2 日本人がドイツ人並みに国内旅行をしたら、GDPが80兆円も増える

日本と経済環境の近い国、ドイツ・イギリスと比較する

ここまで見てきたように、国内旅行には大きな潜在的需要が確実にあり、GDPに占める割合も4％であり、のちほど詳述するが、ほかの産業よりも高い経済波及効果がある。それを考えると、その重要性も決して低くはないが、世界的に見るとどうだろうか。

インバウンドについては、政府が力を入れていることも手伝って、「フランスは日本の3倍」といった国同士の比較だけでなく、パリやロンドン、ローマと東京、京都など都市間の比較も多く行われているが、こと国内旅行となると、国際比較はほとんどされていない。

しかし、国際比較をしなければ、鏡を見ないで自分の顔を知ろうとするのと同じで、実態はわからない。国際比較をしてみたら、決して「モノづくり大国」とは言えなかった製造業のように、その実態はほかと比較して初めて知れる。

そこで、ドイツ・イギリスの国内旅行と比較してみる。ドイツとイギリスを比較対象として選んだのは、この2カ国が日本と比較するのに一番ふさわしい国だからである。

あまりに経済状況などが異なる国と比較しても、何もかもが違い過ぎて、国内旅行だけを取り出してそれが違ったところで、原因が浮かび上がってこない。だが、諸条件がほとんど変わらない国と比較して国内旅行だけが違えば、その原因は何なのかを掴みやすい。国内旅行に影響を及ぼすことで、ほかにも異なるデータがあれば、それが原因であると推察できる。

国内旅行に影響を及ぼすと思われる諸条件として、3カ国の面積は、日本が約38万㎢であるのに対し、ドイツがその95％の約36万㎢、イギリスが日本の65％の約24万㎢であり、人口密度もドイツが日本の70％、イギリスは86％と近い。またGDPも世界において日本が3位、ドイツとイギリスが4位と5位であり、1人当たりGDPはドイツが日本の134％、イギリスは108％と、先進国の中でもドイツとイギリスは日本と基本的な国力の差が少ない国であり、比較対象として最適な国であるといえる。

さらに、ドイツ・イギリス・日本ともにGDPに占める工業の割合はドイツが約30％、イギリスと日本は約20％と、世界的に商業・サービス業へのシフトが進んでいる中にあっては比較的高い。資源をあまり持たない3カ国においては、加工貿易が経済の浮沈を握っており、いずれも世界的に見て工業国と呼ばれている。その点でも、この3つの国は似ている。

日本人はドイツ人・イギリス人の半分以下しか国内旅行をしていない

図表6は、2018年度のこの3カ国の国内旅行に関係する項目を一覧にしたものである。

3カ国の自国民が行う国内旅行における宿泊日数(自国民が行う海外旅行や海外からの旅行者の宿泊日数は含んでいない)を見てみると、日本が2億9188万泊であるのに対して、ドイツでは3億6640万泊、イギリスは3億7170万泊である。これを人口比で見ると、日本を100とすれば、ドイツが191、イギリスは243となり、日本人はドイツ人・イギリス人の半分も国内旅行をしていないことになる。

国内旅行の消費額も当然この数値に比例しており、日本人が1年間に旅行で使う金額の合計が20・5兆円であるの対して、ドイツは39・6兆円、イギリスは28・8兆円。日本は人口が圧倒的に多いにもかかわらず、その国内旅行消費額は圧倒的に低い。これも1人当たり国内旅行消

図表6　日本・ドイツ・イギリスの国内旅行関連のデータ比較

	日本	ドイツ	イギリス
1人当たりGDP（$／人）	39,304	52,801	42,579
面積（km^2）	377,974	357,578	244,820
人口（万人）	12,631	8,300	6,643
人口密度（人／km^2）	335	232	289
南北距離（km）	3,000	876	1,000
東西距離（km）	3,000	640	500
国内宿泊数（万泊）	29,188	36,640	37,170
1人当たり国内宿泊（泊／人）	**2.3**	**4.4**	**5.6**
国内旅行消費額（億円）	205,000	396,000	288,000
1人当たり国内旅行消費額（万円／人）	**16.2**	**47.7**	**43.4**
1人当たり国内旅行消費額比率（%）	**100**	**294**	**267**

出典：統計のある2018年度の各国公表データを基に著者作成

費額について日本を100とすると、ドイツは294、イギリスは267となる。日本人の国内旅行消費額は、ドイツ人やイギリス人の約3分の1に過ぎない。

日本人の1人当たりの国内旅行での宿泊数がドイツ・イギリスの約半分であり、消費額に至ってはドイツ・イギリスがともに40万円台なのに対して、日本はたったの16・2万円と約3分の1に過ぎないというのは、統計上の誤差や国民性の問題に帰せられるような差ではない。

表を見ればわかるように、いずれの国も先進国であり、1人当たりGDPも国土の大きさも、人口密度も世界でも最も近い国々である。

日本の国内旅行は飛躍的に伸びる余地がある

日本人の国内旅行が少ないから、海外旅行者によるインバウンドに期待しようというのは、短絡的過ぎる思考というほかない。本来、考えるべき方向はまったく逆だ。

有名な「靴のセールスマン」の話がある。ある国に、2人の靴のセールスマンが別々の会社から派遣された。その国では誰も靴を履いていないのを見て、1人のセールスマンは「この国では靴は売れません」と報告し、もう1人は「素晴らしい市場が開けています。まだこの国は靴を知りません」と報告したというものだ。

優秀なセールスマンは当然、後者であることは言うまでもないだろう。いくつかの国で国民全員が靴を履いているなら、今は靴を履いていない国でも、いずれは靴を履くようになるのは火を見るより明らかだ。どこかの国だけでしか売れない商品は、よほど固有の文化に根差した商品しかない。多くの国で売れている商品なら、ほかの国でも売れるというのが常識だ。

昔、アメリカ人は喫茶店に行かないから、喫茶店を開店しても無駄だという「伝説」があったが、そのタブーにスターバックスが挑戦すると、今やアメリカは世界でも有数の喫茶店大国になった。

日本が世界の中で経済状況が最も似ているドイツ人やイギリス人の半分しか国内旅行をしていないということは、それだけ伸びる余地が大きいということにほかならない。

先に見たように、日本人は、ほかのどんな消費よりも国内旅行をしたがっている。それが、実際にはドイツ人やイギリス人の半分しか旅行していないということは、日本人の国内旅行を阻むボトルネックが何かあることを示している。

何かが日本人の国内旅行熱を冷まさせているのだ。何かが日本人が国内旅行を行う道筋に横たわって、その先へ行くのを邪魔しているのだ。つまり、日本人の国内旅行を低過ぎる水準に押し留めているボトルネックを見つけ出し、それを取り除けば、日本人の国内旅行はドイツ人やイギリス人並みに一気に上昇する。

日本人がドイツ人並みに国内旅行をしたら、GDPは一気に80兆円も増える

今一度、先の表を見て欲しい。国内旅行で宿泊する日数は、日本を100とすると、ドイツが191、イギリスは243となる。つまり、日本人はドイツ人の52%、イギリス人の41%しか国内旅行で宿泊していない。当然、国内旅行で使う金額も、日本人はドイツ人の34%、イギリス人の37・5%と、両国のほぼ3分の1の金額しか消費していない。

つまり、日本人がドイツ人やイギリス人並みに国内旅行したとすると、日本の国内旅行消費額は一気に3倍になると考えられる。現状の日本の国内旅行消費額は約20・5兆円であり、1人当たりの消費額はドイツやイギリスの3分の1でしかないといっても、決して小さい数字ではない。たとえば、日本の輸出の屋台骨を背負っているといっていい輸送機械製造(自動車の

ほか飛行機や船舶も含む）は11兆円前後であり、その2倍もの大きさだ。

別の言い方をすれば、今でもＧＤＰに大きな比重を占めている国内観光業は、やり方によっては、一気に3倍にも増大する可能性を秘めているといえる。日本人がイギリス人並みに国内旅行をすれば、現在約20・5兆円の国内旅行消費額が54・7兆円に、ドイツ人並みになれば、60・3兆円にもなる。

国内旅行消費額が増えると、観光産業以外の消費も「風が吹けば桶屋が儲かる」方式で増える。ひとつの産業の伸びがほかの産業に与える影響を「経済波及効果」と呼ぶが、観光産業はこれが「2」と、ほかの産業に比して比較的に高いことが知られている。観光消費額が1増えると国全体としては2増えるわけだ。

日本人がドイツ人並みに国内観光消費をすれば、国内観光消費額自体は40・3兆円増え、さらに国全体の産業はその2倍の80・6兆円も増える勘定だ。これは約５３６兆円（２０１９年）であるＧＤＰの15％にも達する。

今回のコロナ禍で、２０２０年4〜6月期のＧＤＰは27・8％ものマイナス成長を示した。4〜6月期は、政府が最初の緊急事態宣言を行って、経済的には最低の時期と一致するため、

1年通算では、マイナス9・3%、額にして49・8兆円の減額となったと試算されている(大和総研発表値)。もし、日本人の国内旅行消費がドイツ人並みになれば、この戦後最大のマイナス経済を補ってもなお大きな釣りがくる。

観光産業が持つ伸びしろ

図表7は、特に経済に大きく影響を与えそうな主要な項目を3カ国で比較したものだが、自動車の保有台数、携帯電話(スマホ・ガラケー含む)の保有率もほとんど大差ない。そして、数値の大きさから見ても、これ以上、短期的に伸びる

図表7　日本・ドイツ・イギリスの経済上の主な項目比較

	日本	ドイツ	イギリス
1000人当たり自動車保有台数(台)	615	618	607
持ち家率(%)	60	42	69
持ち家床面積(m^2)	125	95	87
携帯電話保有率(%)	92	94	95

出典:日本自動車工業会、フォーブス、世界経済新聞、国交省の発表統計を基に著者作成

とは到底思えない。携帯電話の保有率などは各国とも90％を超えており、伸びしろはほぼないと言っていい。新しく登場した家電である携帯電話でもこの数値だから、テレビにしろ、冷蔵庫にしろ、これから新たに普及していくと考えられる家電などないに等しいだろう。

狭い狭いといわれる家にしたところで、日本がドイツ・イギリスよりも大きく、持ち家率も決して低いとはいえない。それどころか、すでに1000万軒を超える空き家が発生しているといわれている。つまり、経済に影響を与える主要な項目すべてで、大きな伸びしろを持ったものは見当たらない。成熟しているからこそ先進国なのであり、先進国に大きな伸びしろなどほとんどないのだ。

ただ、日本の場合は、ドイツやイギリスに比して、国内旅行だけが大きく下回っている。逆に見れば、日本の国内旅行は巨大な伸びしろを持っているといえる。では、そこを伸ばすにはどうしたらいいのか。いや、なぜ国内旅行だけがほかの先進国並みになっていないのか。日本の国内旅行をドイツやイギリスの半分に押し留めているボトルネックを明らかにして、それを取り除けば、日本の国内旅行は一気にドイツ・イギリス並みになる可能性がある。

3 国内旅行消費を押し留めているボトルネックは何だ

ボトルネックの先には巨大市場が開けている

靴を知らない国に靴が売れない理由、言い換えれば靴が売れるのを押し留めているボトルネックは、「国民が靴を知らないこと」だった。同じように、アメリカ人が喫茶店に行かなかったのは、「そもそも行きたくなる喫茶店がないこと」がボトルネックだった。

そしてボトルネックとは、それが何なのかを探り出した時点で、成功が目に見えているものだ。ボトルネックがわからないから、人は端から諦めたり、むやみにあらゆることを試して悪戦苦闘したりするが、ことボトルネックが明確になれば、後はそのボトルネックを取り払えばいい。

ボトルネックを取り除くことは、ボトルネックを見つけるより遥かにやさしい。そもそも、そこにボトルネックがあると気づくことができないで、失敗していることが多い。アメリカで喫茶店を開こうとした人の多くは、「アメリカ人は喫茶店に行かないよ。開拓時代からそういう文化がないからね。その代わりにファストフードがあるんだ」と言われただけで、ボトルネックが何かを見つけようともせずに諦めていた。

日本人の国内旅行についても同じだったのではないだろうか。そもそも、国内旅行は国内のこととして、他国と比較さえしなかったのではないか。その証拠に「国内旅行　国際比較」と検索しても、先ほどのような単純極まりない一覧表ひとつ出てこない。アメリカで喫茶店を開くのを諦めた人たちと同じように、この国の政府は国内旅行を伸ばそうともしてこなかった。

だが、ドイツ人やイギリス人が日本人の倍も国内旅行している以上、日本人に国内旅行をさせないボトルネックが必ずある筈だ。そのことに気づきさえすれば、必ずボトルネックは見つかるものなのだ。

国内旅行のボトルネックは何か

日本人が国内旅行をするのを妨げているボトルネックを見つけるために、国内旅行を左右する諸条件を比較してみる〈図表8〉。

小さな国と自ら言うことが多い日本だが、ヨーロッパ諸国の面積と比較すると、日本はかなりの大国である。ヨーロッパの大国ドイツより約6％大きく、イギリスに比べると約55％も大きな国である。

しかも、日本列島が細長いために、東西南北ともにドイツ・イギリスに対して何倍も長い。相互の移動者が最も多いと思われる第1・第2都市間距離を見ても、日本が500㎞なのに対して、ドイツは290㎞、イギリスは120㎞と日本がダントツに長い。

裏を返せば、日本はこの3カ国の中では、宿泊旅行に向いている国であるといえる。面積からいっても、国土の長さからいっても、日本はどこに行くにもドイツ・イギリスよりもずっと時間がかかる国なのである。それは、取りも直さず「日帰り旅行よりも宿泊旅行に適した国」だということだ。したがって、国土の大きさや形が国内旅行のボトルネックになっているとは考えにくい。

では、日本には旅行の目的地とすべき観光資源が国土面積の割に少ないのだろうか。そのために国内旅行がドイツ、イギリスの半分に留まっているのだろうか。

図表8　日本・ドイツ・イギリスの旅行目的地に関連する比較

	日本	ドイツ	イギリス
1人当たりGDP（$／人）	39,304	52,801	42,579
面積（km^2）	377,974	357,578	244,820
人口（万人）	12,631	8,300	6,643
人口密度（人／km^2）	335	232	289
南北距離（km）	3,000	876	1,000
東西距離（km）	3,000	640	500
第1・第2都市間距離（km）	500	290	120
世界遺産数（カ所）	23	46	32
温泉数※宿泊施設あり（カ所）	3,102	205	3

※比べやすいように人口などの基礎データは図表6と一部重複

旅行の目的地として選ばれる要素の代表格である「世界遺産の数」で見ると、日本はドイツのちょうど半分、イギリスの3分の2と少ない。ただ、JTBの調査によると、日本人の旅行目的の第1位は「温泉入浴」である。もちろん入浴習慣の違いはあるものの、日本はドイツの15倍、イギリスの1000倍とダントツに多い。ドイツにはバーデン・バーデン、イギリスにはバースといった欧州でも名高い温泉保養地があるにもかかわらずだ。これらの状況を勘案すると、旅行目的地の数や魅力度も、国内旅行のボトルネックとなっているとは考えにくい。

その土地の魅力に惹かれて観光に訪れるインバウンドの数は、日本が約3190万人に対してドイツ・イギリスとも3900万人台と、日本は確かに両国の8割ほどしかないが、両国ともほかの国々と陸路でつながっている（イギリスとフランスは鉄路だけでなく車でも移動できる）のに対し、日本だけがほかの国と海を隔てている。訪れようとするのに多大な費用を要することを考えれば、「日本の観光資源の魅力がドイツやイギリスよりも乏しいから国内旅行が活発ではないのだ」とは到底言えないだろう。

結論として、「日本の国土の条件や観光資源の魅力」は、国内旅行が低い水準であることの大きな原因であるとは考えにくい。

日本人の休暇日数は少なくない

ほかの要素としてよく言及されるのが、「日本人の休暇の少なさ」である。ヨーロッパは1カ月単位でバカンスを取るのに、日本人はせいぜい1週間。この休暇の少なさが、国内旅行が伸び悩む原因だともいわれる。

果たしてそうだろうか。この手の論を振りかざす人ほど、データを重視せず、何となくのムードでものを言っている場合が多い。

図表9を見ると、確かに年間の労働時間は日本がドイツに比して約250時間、

図表9　日本・ドイツ・イギリスの祝日や休暇の日数

	日本	ドイツ	イギリス
年間労働時間数（時間）	1,644	1,386	1,538
祝日数（日）	16	9	8
有給休暇取得日数（日）	10	30	29
祝休日数（日）	26	39	37

出典：2019年 OECD 公表値を基に著者作成

イギリスに比して約100時間も長い。しかし、これは「国内旅行に使える日数の長さ」を意味してはいない。日本人の1日の労働時間が、ドイツやイギリスよりもかなり長い、つまりは「残業が多いこと」を意味しているに過ぎない。ドイツ・イギリスとも、年間労働時間の平均を下げる要因となる時短ワーカーの比率が高い国である。さらに、ドイツでは工業だけでなく商業・サービス業も原則として週末は営業が禁止されている。イギリスもドイツのように強制的ではないが、日本と違って休業する商店も多い。これらのことが積み重ねって年間労働時間に反映されるため、単に年間労働時間だけを見て、「日本人がドイツ人やイギリス人より国内旅行に使える日数が少ない」とは到底言えない。

国内旅行に使える日数を比較するなら、労働時間よりもそのものずばり、年間休暇日数を見るほうが正確なのは言を俟たないだろう。確かに日本人は「自己の利益にのみ資することを言い出しにくい」という性格あるいは空気によって、有給休暇の取得日数はドイツ・イギリスの3分の1に過ぎない。ただ、日本には、ドイツやイギリスにはない、企業が主体的に有給休暇制度の外枠で休み(有給休暇)とするお盆休みや年末年始の休みも多い。どちらも1週間の休みとするところが一般的だろう。それを足すと、日本人が国内旅行に使える日数はドイツやイギリスを凌駕する。

つまり、日本人はドイツ人・イギリス人に対して休日が少ないとはいえず、これもまた国内旅行を押し留めているボトルネックとすることは到底できない。

良い意味でも悪い意味でも日本の鉄道はボトルネックではない

続いては、移動手段についても見てみよう。

国内旅行をするには、何らかの手段を使って移動しなければならない。国交省が調査した国内旅行の移動手段の比率は、自家用車が48・9％、バスが30・8％、鉄道が29・7％、航空機は7・8％となっている（ＪＴＢ公表データより。旅行目的地に着いてからの２次交通も含まれているため、合計は１００％を超える）。

つまり、道路を利用した移動が79・7％、鉄道が29・7％と、この２つが国内旅行における移動手段の大半を占める。

鉄道については、日本は鉄道網、とりわけ新幹線などの高速公共交通手段が発達しているから、「日本中どこへでも日帰りで旅行ができてしまうために、宿泊が伸びないのだ」というような意見がよく聞かれる。果たしてそうだろうか。

図表10に示したように、日本の鉄道網がドイツやイギリスより充実しているとは決していえない状況にある。ドイツには人口比・面積比とも大きく引き離されているし、イギリスとはほぼ同程度の整備率でしかない。しかも、前に見たように日本が突出して東西南北に長細い国であることを考えに入れれば、決して鉄道網が充実しているから宿泊旅行が進まないのだとはいえない。

ただ、逆に日本の鉄道網が飛び抜けて

図表10　日本・ドイツ・イギリスの鉄道関連のデータ比較

	日本	ドイツ	イギリス
鉄道延長 (km)	26,500	41,900	16,500
鉄道延長人口比 (日本=100)	100	240	118
鉄道延長面積比 (日本=100)	100	167	96
高速列車料金 ※当日料金 (円／km)	28	29	57

※ドイツはICE、イギリスについてはユーロスターの正規料金

劣悪というわけでもなく、日本は鉄道網が充実していないから宿泊旅行ができないともいえない。また新幹線のような高速鉄道の正規料金は、表の通りイギリスが飛び抜けて高いが、イギリスの場合は事前割引制度が充実していて、観光旅行のように計画性の高い旅行については、おおむね各国とも大差のない料金になっている。

つまり、いい意味でも悪い意味でも、日本の鉄道環境は、国内旅行のしづらさにもしやすさにも影響をほとんど与えていないといえる。日本の鉄道が日本の異様な国内旅行消費の少なさのボトルネックになっているとは到底言い難い。

4　国内旅行消費のボトルネックは高速道路料金

国内旅行の主役は高速道路

日本人の国内旅行をドイツ人やイギリス人の半分以下に留めている元凶、ボトルネック探しで、最後に残ったのが「道路状況」だ。

先ほど示したように、国内旅行の48・9％が自家用車による旅行であり、バスを利用しての旅行が30・8％であり、合わせて旅行者の79・7％もの人が道路を利用して旅行している。つまり道路の利用環境は、国内旅行にとって最も大きな要素である。

日本・ドイツ・イギリスの3カ国の道路の利用環境に、無視できないような大きな違いがあったとしたら、それがボトルネックである可能性は極めて高いといっていい。

その道路の中でも、国内旅行を考える時に最も重要となるものは「高速道路」であることは誰でもすぐに気づくことだろう。ひとつの市町村内や、広くても都道府県内で完結している地方道は、宿泊を伴う旅行には短過ぎて、国内旅行の統計数値を左右することはあまりないと考えられる。

また、一般国道は限られた休日を有効に使うには時間がかかり過ぎるため、一般道路だけを使って宿泊旅行をする人は限られるだろう。もちろん、高速道路を降りてから宿泊施設や観光地などの目的地に着くまでの接続線として利用せざるを得ないものの、車による国内旅行の主役になるとは考えられない。

乗用車から高速道路の通行料金を取っているのは日本だけ

そこで、わかりやすくするため、日本・ドイツ・イギリス3カ国の高速道路だけの状況を一覧にしたものが次ページ図表11である。

高速道路の充実ぶりに関していえば、ドイツが傑出しているが、イギリスと日本の間には、「両国の国内旅行の宿泊数やその消費額の2倍を超える差」を説明できるような大きな違いは見いだせない。
日本とドイツ・イギリスで大きく違うのは、高速道路の料金である。ドイツとイギリスが乗用車については基本的に無料（国交省は、ドイツはトラックについては日本と同様に走行距離に比例して料金を課している距離制料金を採っているというかもしれないが、トラックで旅行する人はまずいないだろう）であるのに対して、日本は「ターミナル・チャージ」といういかにも意味ありげな名称で高速道路に入った瞬間に１５０円を取るほか、１km当たり約25円もの高額な料金を徴収している。

図表11　日本・ドイツ・イギリスの道路関連のデータ比較

	日本	ドイツ	イギリス
高速道路延長（km）	8,795	13,009	3,723
1人当たり高速延長（cm/人）	7.0	15.7	5.6
無料区間（km）	0	13,009	3,680
料金	24.6円／km +150円（初乗料金）	トラックのみ 10セント／km	4.5ポンド／回（渋滞区間のみ）

※1セント=1.3円、1ポンド=155円（2021年10月13日時点）
出典：各国公表データから著者作成

自分の車にガソリンを入れて運転する高速道路料金が鉄道料金より高い

「高額な料金」と言ったのは、ＪＲ東日本の鉄道料金が１㎞当たり16・２円に過ぎないのに比べて、あまりにも高額だからである。

自動車で移動しようとすると、移動に要するガソリンなどの燃料費が必要になる。さらには高価な車を自分で購入するかレンタルしなくてはいけない。ちなみに自動車で移動する場合、３００万円の普通車を購入して、廃車にするまでに10万㎞走行すると、１㎞当たり30円も自動車代として支払っている。ほかにはタイヤ代や自動車税、その他のメンテナンス経費も支払わなければならない。さらには、人によってはそれが楽しい作業であるかもしれないが、運転というかなり高度で神経を使う作業をしなければならない。

それに比して、鉄道は乗りさえすれば、一切何もしないで目的地まで運んでくれる。鉄道料金には、そのための運転手代から、燃料費、車両費まで一切合切が含まれている。鉄道料金のほかにはビタ一文も必要なく、運転さえしなくていい。自分で買った車に自分で購入したガソリンを入れ、自分で運転するのにもかかわらず、高速道路料金は、乗るだけでいい鉄道料金よりも5割も高いのだ。これを高いと言わずして何と言ったらいいのだろう。

仮に一般的な乗用車の平均的な実測の燃費が1リットル20㎞とすると、ガソリン代が1リットル145円として、1㎞当たり7・25円になる。日本の高速道路料金は、ガソリン代の3倍も高い。そして、高速道路料金とガソリン代を足すと32・25円と、鉄道運賃の約2倍もの費用になる。これでは、誰も車で遠くへ行こうとは思わないだろう。高速道路は信号がないため、国道に比べて圧倒的に燃費がよいことが知られている。だが、いくら高速道路の燃費がよくても、この高い高速道路料金を前にしたら、何の意味も持たないことになってしまう。

このバカ高い高速道路料金を日本・ドイツ・イギリスの3カ国の中で日本人だけが支払わなくてはならない。これでは、旅行の足として80％も自動車を使っている日本人が宿泊を伴う遠出をしたがらないのも無理はない。

国内旅行のボトルネックは高速道路料金しか考えられない

図表12は、日本・ドイツ・イギリスの道路と自動車に関するデータをまとめたものだ。

日本・ドイツ・イギリスの間に、自動車保有台数の違いはない。むしろよくもここまで近い数値になるなと感心するくらいに近い。また、３カ国の幹線道路延長も差異はそこまで大きくない。

オーナードライバーの数も変わらず、そのマイカーを走らせるべき幹線道路の長さも大きくは変わらない。にもかかわらず、日本のオーナードライバーは、ドイツやイギリスの半分程度しか自慢の乗用車を走らせてはいない。そしてこの走行距離の比率は、先の国内旅行消費額の違いに極めて近い。

つまり、日本人はせっかく買ったマイカーを何らかの理由で走らせられないために、ドイツやイギリスのように国内旅

図表12　日本・ドイツ・イギリスの自動車関連のデータ比較

	日本	ドイツ	イギリス
1000人当たり自動車保有台数（台）	615	618	607
幹線道路延長（km）	62,432	52,700	52,706
オーナードライバー平均年間走行距離（km/年）	7,073	13,500	12,640

出典：自動車保有台数は日本自動車工業会調べ、幹線道路延長は総務省「世界の統計2012」、ドライバーの平均年間走行距離はソニー損保調べ

行をしないと結論づけられるのだ。

この3カ国の道路と自動車に関するデータの中で、日本とドイツ・イギリスと異なっている点は、日本の高速道路だけが有料であり、そして鉄道運賃の1・5倍もの高額で、走れば走るほど高くなる料金制度である点だけだ。

日本のオーナードライバーが、ドイツやイギリスのオーナードライバーの半分程度しかマイカーを走らせず、やはり半分以下しか国内旅行をしない理由は、高速道路の料金制度以外に考えられるだろうか。

自動車での周遊旅行が日本の観光地を魅力的にする

日本交通公社『旅行年報2019』によると、日本人が行ってみたい旅行タイプの第1位は温泉で、実に半数に近い49・8%もの人が温泉観光をしたいと思っている。同率1位で自然観光が49・8%、3位がグルメで42・3%、4位が歴史・文化観光で41・9%、5位は海浜リゾートの31・4%と続く（重複回答可のアンケート）。しかも、よく考えれば、2位の自然観光も3位のグルメも、温泉に行けばたいてい充足されてしまうことに気づく。つまり、日本人にとって「観光」と言えば「温泉に行くこと」と言っても過言ではない。

このように、ほかの観光目的地に比べて圧倒的に人気のある温泉だが、315カ所（国交省2016年公表値）もの宿泊施設のある温泉地のうち、鉄道の駅が至近にある温泉は、熱海・別府・下呂など極めて限られている。草津・有馬・伊香保・奥飛騨といった有名どころの温泉でも鉄道の駅からは遠く、バスも含めて自動車以外では行けないところにある。もちろん、その他の秘湯と名のつくような日本の誇る温泉地のほとんどは、自動車での旅行に向いている。というより、自動車でしか行くことができない。

また、観光目的同率1位の自然観光にしろ、4位の歴史・文化観光にしろ、それぞれの魅力ある自然・施設は点在しているし、やはり駅から遠いことがほとんどだ。観光する身になってみれば、目的第1位の温泉に泊まり、昼間は2位の自然や4位の文化・歴史を楽しみたいところだし、それらがセットで楽しめれば、それぞれの観光地の魅力は相乗効果で幾何級数的にアップすることは想像に難くない。

そして、それを可能にしてくれるのは、残念ながら鉄道ではなく自動車による旅行なのである。東京から草津温泉に泊まり、日光や華厳の滝を見て帰ろうとすれば、どうしてもその足は自動車になる。

地下鉄もあり、日本でもトップクラスに鉄道の発達した観光地である京都であっても、金閣寺に三千院、そして東福寺といったところを見て回ろうと思ったら、自動車が欲しくなる。まして、世界遺産の白川郷や熊野古道を例に引っ張り出すまでもなく、日本の文化・自然の観光地は鉄道が通っていないところばかりだ。日本は山が多く、東西南北に長いその地理条件から、自ずと観光地も自動車でしか楽しめない場所が多くなる。

日本には宿泊施設のある温泉が3000を超えて存在する。車で温泉宿に行き、そこを拠点に周辺にある素晴らしい地域、地域の文化、自然を車で回る。それが日本の観光地に一番合い、また一番その魅力を知ることができる方法なのである。

外国人にはすでに定額制の高速道路料金を提供している

実は、「遠くへ行くにはより高い利用料が取られる」という日本の距離制料金制度が、国内旅行のボトルネックとなっていることは、高速道路の計画から管理までを所掌事務としている国交省はよく知っているようだ。

同省は、高速道路の管理と同時に海外からの旅行客を増やす使命を課せられている。だから、国内旅行には高速道路を利用した周遊が一番合っていることを熟知しているのだろう。

というのも、日本人にはあまり知られていない制度だが、日本の主な高速道路では、「Japan Expressway Pass」というサービスが利用できる。これは海外からの旅行者に限って、高速道路を距離制の料金制度ではなく、定額料金の乗り放題で利用できるサービスだ（2021年8月現在、コロナ禍のため申し込みを一時停止中）。のちほどあらためて詳述するが、国交省は「日本の高速道路の料金制度が世界の趨勢になりつつある」と言い、国内旅行のボトルネックではないと主張している。もし国交省や国交省の意を汲んだ有識者会議の言う通りなら、インバウンドを増やすために、海外からの旅行者に向けて乗り放題のサービスなど行わない筈だ。

乗り放題7日間で2万400円という料金は、1日当たりでは3000円以下に過ぎない。日本人が東京から大阪まで、つまり用賀ＩＣ（東京ＩＣ）から梅田ＩＣまで走れば、往復で2万4840円かかる。それが外国人（観光客でなくとも日本で働いている外国人でもこの乗り放題制度は利用できる）の場合は、たったの3000円以下で済む。

しかも、日本人が途中の静岡・浜松・名古屋などの魅力的な街に寄ろうとすれば、そのたびにゲート通行料として150円を取られる。だが、外国人の場合は何回乗り降りしようが関係ない。例えば、高速道路に乗って降りてを1日に4回繰り返すとすると、1回当たり800円足らずで走れる計算になる。

日本の観光地がそれぞれ離れていて、自動車での周遊に向いていることを熟知している国交省ならではの施策だ。どうして、この素晴らしい施策を日本人には行おうとしないのだろう。

次章では、この国交省も熟知している「高速道路の距離制料金制度の欠点」をつぶさに検証していきたい。

第 2 章

日本の高速道路料金はなぜおかしいのか？

第2章の要点

◎道路の所有者は全国各地の国民
◎道路は生産財、工場のライン
◎高速道路は経済・文化の拠点（都市）同士を高速・効率的につなぐのが使命
◎高速道路は本来フリー（無料）ウェイ
◎日本人に国内旅行をさせず、地方の過疎化を推し進める距離制料金制度
◎日本の高速道路は料金制度のために動脈硬化を起こしている
◎トラック運転手の健康を距離制料金制度が蝕んでいる
◎災害対策を阻み、降りたい場所で降りられない距離制料金制度が渋滞を作る
◎高速道路の使い勝手が輸出力を左右する
◎定額制乗り放題のサブスクリプション料金が利用者を増やし、費用を逓減する
◎距離制料金制度には根拠がなかった

1　そもそも高速道路の存在意義は何か？

高速道路は日本各地に住むすべての国民のもの

日本の高速道路の利用料金体系の功罪を検討する前に、はっきりさせておかねばならないことがある。それは「高速道路を含めた道路の所有者は誰か」ということだ。それを明確にしておかないと、ここで論じる意味がなくなる。もし、一部の官僚や政治家のものだとしら、あるいは旧日本道路公団を民営化したNEXCO3社（東日本高速道路・中日本高速道路・西日本高速道路）のものだとしたら、彼ら以外に語る資格はなくなってしまう。

だからこそ、まず「道路の利用者、そして所有者は国民である」ということをはっきりさせておきたい。日本中の国民が、日本中の道路の所有者だ。

ここでいう「国民」とは、政治家や官僚がよく口にする形のない「概念的な国民」ではない。北から南までこの日本に住んで生活をしている「一人ひとりの顔も名前もある国民」だ。決して、永田町や霞が関周辺に生息している人たちだけのことではないし、東京都民のことでもない。北海道に、沖縄に、大阪に、秋田に住んでいる一人ひとりのことだ。一人ひとり、それぞれが道路の所有者であり、利用者なのである。

市町村道、都道府県道、国道、そして高速道路といろいろ種類はあるが、すべての道路の所有者は全国各地に住んでいる国民である。たとえ市町村道であっても、それは市町村長の所有物ではないだけでなく、市町村という一行政機関のものでもないし、その市町村民だけのものでもない。全国の国民の持ち物であり、全国の国民が自由に使える道路だ。

そもそも道路は公民館や図書館と違い、たとえ市町村道であっても全国各地のすべての国民が利用でき、そして、すべての国民に利用されなければ道路としての価値機能を果たせないものだ。日本には国から独立した自治体などないし、完全に自給自足できる自治体もひとつもない。他の市町村から、他の都道府県から、人・モノ・情報が届かなければ、すべての自治体はその日から干上がってしまう。たとえ市町村道であっても、すべての日本国民に利用してもらえなければ、道路としての価値機能を発揮できないのである。

人の体であれば、血管とつながっていない組織はすぐに壊死してしまう。同じく、もし道路がつながっていない土地があれば、それは使えない土地であり、ないのも同じことになる。建築基準法でもその第43条で「建築物の敷地は、道路（次に掲げるものを除く。第44条第1項を除き、以下同じ。）に2メートル以上接しなければならない」とされており、道路につながっていない土地には建物を建てることは許されていない。道路につながっていなければ、人・モノが交流できなければ、無価値になってしまう。

だからこそ、すべての道路の利用者は国民全体であり、そしてその所有者も全国各地の国民でなければならない。このことは、道路法（昭和27年法律第180号）第4条に「道路を構成する敷地、支壁その他の物件については、私権を行使することができない」と規定されていることからも明らかである。

まして、国道、そして高速道路の所有者は、すべての道路の整備費・維持費を支払っている国民にほかならない。間違っても、国交省でもNEXCO3社でもない。そのNEXCO3社が高速道路の賃貸料を支払っている独立行政法人日本高速道路保有・債務返済機構は国民から委託された道路の管理者に過ぎず、決して所有者ではない。それは、憲法第15条第2項で「すべて公務員は、全体の奉仕者であつて、一部の奉仕者ではない」と規定されていることからも明らかだ（独立行政法人の職員も法的には公務員に含まれる）。

なお、日本高速道路保有・債務返済機構法では、2005年の高速道路公団の民営化の後45年以内に借入金（約40兆円）を返済し、この日本高速道路保有・債務返済機構を解散することが義務化され、最終的には高速道路の全面無料化を実施し、残った借入金を税投入で償却することとなった。この返済期間はその後、2014年に最長60年（2065年まで）に見直されている。

しかし、2065年といえば、現在、車を使っているほとんどの人が無料化の恩恵を受けることができない未来であり、多くの国民にとって現実的な年限ではない。また、借入金を返済後も高速道路の維持管理費約6000億円は必要であり、借入金がなくなったからといって、その費用をいきなりすべて税金で賄うことには無理がある。

こうした「無料化論議」の一番の弊害は、このような無料化に伴う弊害を反対派が挙げ連ねて、結局は何の改革もなされないままになることである。事実、民主党は2003年から一貫して「高速道路の無料化」をマニフェストに掲げているが、政権を取った時も含めて、無料化どころか何の改善もなされていない。

たとえ理想であったとしても、不可能なことを訴えることは改善を遅らせ、事態を悪化させるだけに終わる。自動車を1万円で作れたら、それは飛ぶように売れるかもしれないが、そのための無駄な努力をしている間に会社は潰れる。ボトルネックを見つけたら、現実的なボトルネックの除去策を考えなければならない。

高速道路を造るのは誰か

重ねて言うが、高速道路は間違いなく全国各地に住む国民のものだ。高速道路法第3条において、「高速道路は内閣の議を経て、高速自動車国道として建設すべき道路の予定路線を定める」とされている以上、国民の負託を受けた内閣が責任を持って路線を決定し、整備するものである以上、内閣に付託した国民のものであることは法律の観点からも間違いない。

高速道路は、高速道路の料金だけで整備されていると思っている人が多いかもしれないが、実際は税金がかなりの部分に投入されている。

まず、高速道路は高速道路だけでは機能しない。高速道路につながる便利な国道から市町村道までの一般道路があって初めて誰でも利用できるようになる。高速道路につながる道路を「アクセス道路」というが、この道路は高速道路と一体の道路であり、当然ながらこれがなければ、高速道路は出入口のない、ただの邪魔なだけの構造物になる。だがこのアクセス道路には、高速道路利用料は一切使われることなく、管轄する国や地方公共団体が整備する。したがって、アクセス道路は国民が支払った税金だけで整備されている。

さらに、高速道路自体の整備費にも、多くの税金が投入されている。

2002年度に「新直轄方式」という名でNEXCO3社の料金収入を投入することなく、高速道路を整備することとされた。この「新直轄方式」の内容は、高速道路の整備費の75％を国(現実には税金を支払っている全国の国民)が、そして残りの25％を都道府県(現実には都道府県民)が負担するというものである。つまり、「新直轄方式」で造られる高速道路は、100％税金で造られることになった。高速道そして、高速道路が通る都道府県はアクセス道路の整備費だけでなく、直接高速道路の整備費も負担しなければならなくなった。

図表13は、岐阜県のある年の予算説明資料だが、東海環状自動車道の整備費が計上されている。このことからも明らかなように、高速道路は利用料だけでなく、税金がしっかりと投入さ

れているのだ。

そもそも、高速道路の通行料金それ自体、それを支払っているのは国民にほかならない。法律上だけでなく、整備財源の上からも、高速道路の所有者は全国の国民なのである。

高速道路は最重要インフラ

高速道路は何のためにあるものなのだろう。高速道路の存在意義は、高速道路法第４条に書いてある。それによると「高速自動車国道とは政治・経済・文化上特に重要な地域を連絡するものその他国の利害に特に重大な関係を有するも

図表13　岐阜県のある年の予算説明資料（単位：千円）

東海環状自動車道西回り区間およびアクセス道路の整備

事業費
11,063,000
（前年度 12,207,000）

［財源内訳］

国庫	1,481,350
県債	9,548,740
一財	4,210
分・負	28,700

［主な使途］　単位：千円

工事請負費（道路、橋りょう整備）	1,861,121
負担金（直轄道路事業負担金）（維持・修繕を除く）	7,950,000

の」ということになる。簡単にいえば、この日本という国にとって重要な地域と地域を結ぶ道路ということになるだろう。

走れば走るほど高くなる日本の高速道路料金体系は、国内旅行のボトルネックになっているに違いないと第1章で書いた。しかし、高速道路は国内旅行のためだけにあるわけではない。旅行に使われることは高速道路の存在意義のほんのひとつに過ぎない。だからこそ、余計に高速道路は使いやすくなくてはならないし、使いやすくなかったとしたら、国内旅行だけではなく、日本のあらゆる活動のボトルネックになってしまう。そのことをこれから話していきたい。

社会資本、インフラストラクチャーと呼ばれるものには、「国民の福祉を向上させるためのもの」と「国民経済を向上させるもの」とがある。前者は当然ながら経済指標ではその価値を測れないが、後者は経済指標でその価値・効果を測り、効果的でなければ、すぐに使い方をはじめとして改めるべきものだ。高速道路はもちろん、後者の国民経済を向上させるためのインフラストラクチャーの中核をなすものである。そして、その機能は人・モノの交流スピードを高め、その交流経費を低減することで達せられる。つまり、高速道路は早く、安く、人・モノを運ぶためのインフラストラクチャーだ。

旅行に使われ、人を目的地に早く安く届けるだけでなく、物流の最重要インフラストラクチャーとして、ある地域で生み出されたモノを、必要とする地域へ早く安く届けることで、農商工すべての分野で経済を活性化させるのが高速道路なのである。

早く人・モノを運ぶために、高速道路は信号がない。交差道路をなくして、先に進むことを阻むものをなくしているのだ。そして、信号がないことで、減速する必要も、その後に加速するために燃料を余計に消費する必要もないため、燃費がよい。交差する道路もなく、人も歩いていないから事故も極めて少ない。そのために人やモノをより安く、そして安全に運べることを使命としているのである。

その高速道路の料金が使い勝手の悪いものだったらどうなるかは、すぐにわかるだろう。人の体でいえば、大動脈に動脈硬化が起こったのと同じになる。血液を送るのに余分な負荷がかかったら、たちまちのうちに心臓が悲鳴を上げる。必要な血が十分に送られてこない組織・細胞は壊死を始める。

道路も同じで、高速道路料金が高かったら、先に行けば行くほど負荷がかかってしまったら、その先にいる地域ではモノの流れが滞り、国全体の経済も停滞する。その計り知れない悪影響の一端を次項で考察していく。

高速道路は地域と地域を結ぶ大動脈だ

国を人間の体とするなら、道路は血管だ。血管の使命は、細胞に必要な酸素を運ぶ赤血球や、アミノ酸などの栄養素が、体のすみずみまで円滑に行き渡るようにすることだ。道路の使命もまったく同じで、体でいえば細胞に当たるすべての人々に物資や情報、そして人との出会いという心の栄養素を少しでもスムーズに送り届けられるようにすることにほかならない。

細胞一つひとつも大切だが、その中でも、肺や心臓などさまざまな臓器、そして主要な筋肉は、特に大切な器官だ。国でいえば、これらは大都市や農商工の集積地帯にたとえられる。市町村道がすべての家々、つまりあらゆる細胞に栄養を運び込み、生み出された老廃物を持ち出す毛細血管なら、高速道路は人とモノという血液と酸素を大事な器官に運搬し、また心臓に戻す大動脈・大静脈に当たる。高速道路は、国(つまりは国民)にとって大切な地域と地域を結び、円滑に人やモノ、そして情報を送れるものでなければならない。

ここで「情報」と呼ぶものは、デジタル信号化された情報のことではない。人が持っているアナログな情報、地域の産物に込められた気候風土や文化・歴史も含めた情報のことだ。

人が持っている感情を含めたアナログな情報は、現代においても人が人と交流することでしか得られない。もし、文字や図だけですべての情報が伝達できるなら、ウィズコロナの時代にわざわざウェブ会議など開かなくていい。メールとチャットだけで十分な筈だ。そして、ウェブ会議を開いても、「これは直接会って、話してみないと」と思ったことのある人がほとんどだろう。直接会って話してみないと伝えられない大切なものが間違いなくある。

そして、それは街にも地域にもある。いくらネットが発達して、世界中のあらゆる地域の映像や情報が手に入っても、現地に行かないと伝わらないもの、知ることができないものがある。よく「空気を吸ってくる」という言い方をするが、まさにその街が、地域が持っている空気はネットではわからない。

文字通り空気にも似た、その「本当は一番大切な情報」を運ぶのも道路の役割のひとつだ。ある地域が持つ大切な人・モノ・情報を、ほかの地域に円滑に、かつ大量に運ぶことこそ、高速道路の存在意義なのである。

高速道路は国際競争力をも左右する

日本が初めて高速道路の必要性を具体的に考え始めた1956年（昭和31年）に、世界銀行にその整備費の融資を相談したところ、世界銀行はニューヨークのブルックリン研究所に所属していた経済学者ラルフ・J・ワトキンス以下6名の調査団を日本に送り込んできた。

彼らは同年5月から80日間にわたって調査を行った。そして、のちに「ワトキンス・レポート」と呼ばれる「日本国政府建設省に対する名古屋・神戸高速道路調査報告書」を提出した。その調査報告書は、今でも経済報告書の見本とされている名レポートだ。同時にこの報告書は、日本人に道路の大切さ、特に高速道路の必要性を知らしめた端緒だとされている。

その報告書は、「日本の道路は信じ難いほどに悪い。工業国にしてこれほど完全にその道路網を無視してきた国は、日本のほかにない」という衝撃的な指摘で始まり、「道路が悪いために輸送コストが高くつき、ひいては国際競争力を弱め、日本経済の発展を妨げている」と結んでいる。

高速道路は、国内の拠点と拠点を効率的に結ぶことによって、国の健康を保つだけでなく、国を健康な体にして、ほかの国と戦う力を持たせる役割も担っているというわけだ。道路が悪ければ、国際競争に生き残れず、経済という健康の大事なバロメーターも悪化する。このことは、忘れられがちだが大事な指摘だ。

高速道路は国内旅行だけに使われるわけではない。ある地域が生み出したモノを、それを必要とする地域に運び、あらゆる産業を支えているのが道路なのである。

2 遠くへ行けば行くほど高くなる料金制度は根本的に間違っている

使い勝手が悪い高速道路は動脈硬化を起こし過疎を生む

ワトキンス・レポートによれば、道路の一番大切な役割、特に高速道路にとって一番大切な役割は、「経済コストを軽減すること」だ。逆に道路の整備を怠れば、それは直接、日本経済に重いコストを課し、その生産性に棹を差すことになる。それは当然のことだ。工場でベルトコンベアのラインが1カ所でも止まったら、工場全体が止まってしまう。

道路の中でも高速道路は、生活に密着しているわけではない。家と家をつないでいるわけでも、家と店をつないでいるわけでもない。高速道路がつないでいるのは、道路法に書かれているように「重要な地域と地域」だ。生産拠点である地域、文化・観光に重要な地域、港湾、そして消費地だ。それだけに、経済的な役割に特化した道路だといえる。したがって、高速道路は整備の最初から少しでも多くの人・モノ・情報をより安く拠点から拠点に運ぶことがその使命である。1日に1台でも自動車が通るなら、それはそれで使命を全うしているといえる山間の道路とは違うのである。

高速道路は、遠くの地域と地域をつなぎ、人を、モノを、そして情報を安く、早く、安全に運ぶためにある。決して、隣町と隣町をつなぐための道路ではない。だからこそ、遠くへ行きやすいようにしなくてはならない。実際、高速道路の構造や路面の状況などは遠くへ行くのにふさわしい造り方がされているし、日々のメンテナンスも市町村道路の比ではない。


しかし、いくら道路の構造自体はよくても、使い勝手が悪ければ何にもならない。使い勝手には当然、料金体系も含まれる。というよりも、料金とは使い勝手の最たるものだ。いくらよいモノでも、価格が高ければ買える人は限られる。高ければ多くの人には使えないモノになる。使い勝手の悪い高速道路は十分に機能を果たせず、その先の大事な器官や細胞を壊死させてしまう。実際、高速道路が通っていても、その通行料金が高過ぎて人が来ない観光地は寂《さび》れ、人もモノも往来しにくい地域は過疎となり、やがて消滅しかねない地域が、この国の地方と呼ばれる地域には数多くあるのだ。

要するに、日本の高速道路の距離制料金というボトルネックがこの国に過疎を生んでいるといっていい。国は「地方活性化のために高速道路を通した」と反論するかもしれないが、距離制通行料金のために使える人が限られれば、結局、人もモノも情報も往来しない。高速道路が血管の役目を果たせず、動脈硬化を起こしてしまうのである。

高速道路は誰もが等しく使えるものでなければならない

商品なら、いくら高くても許される。買いたい人だけが買えばよく、高くて買えない人がいても、その人は買える商品を買えば済む。フェラーリが買えなくても、軽自動車を買えばいい。高級レストランに行けなければ、ファミレスに行けばいい。それが資本主義の原則だ。

一方で、多くの国民にとって必要なものなのに、市場原理に任せておいては誰も作ろうと思わないもの、誰も提供しようとしないサービスがある。あるいは市場原理に任せていては、持てる人、使える人が限られて、すべての国民の基本的人権が守れないものがある。これらのモノやサービスは、税金を使ってでも国家としてすべての国民に等しく提供しなければならない。そのためにこそ国や地方公共団体がある、と考えるのが近代国家観の基礎ではないだろうか。

たとえば、義務教育であり、国民皆保険がそうだ。誰もが「健康で文化的な生活」を送るために最低限必要なモノやサービスは、国家が税金を使い、国民の誰もが使える形で、等しく提供しなければならないし、現実に提供し続けているのが近代国家であろう。

こういう話をすると、経済学の概念としての「公共財」という言葉を持ち出す人がいると思うが、ここで言う「国が提供すべきモノやサービス」は、「公共財」とは違う概念だ。教育も医療も、資本主義経済に則った私的な機関もあることからわかるように、経済学では純粋な「公共財」には含まれない。教育も医療も、ひとりの人に提供すると、ほかの人には教師や医師、教材や薬剤といった追加の資源なしでは提供できないから「競合性」があり、対価を払った人だけを選別して教育や医療を提供するのも容易であり、タダ乗りを排除できるため「排他性」もある。だから、経済学的な意味では「公共財」には当たらないとされるのが普通だ。

だが、市場経済に任せていては、教育や医療を受けられない人が出る。それではすべての国民に「健康で文化的な生活」を提供できない。だから、国家が税金を使って、無償あるいは誰もが支払える範囲内の料金で、義務教育や国民皆保険制度を提供し、維持しているのだ。

道路も同じだろう。市場原理に任せて誰かに造らせれば、一部の人しか利用できず、人と人、家と家がバラバラになり、経済活動すらできなくなる。だから、道路は税金で造られ、誰もが利用できるように原則無料なのだ。

しかも、道路のようなインフラは、携帯電話による通信と同じように、誰もが利用できて初めて価値が出る。一部の人、一部の地域しか利用できなければ、携帯電話がその機能を発揮できないように、道路も一部の人だけしか利用できなければその価値を失うし、一部の地域しか通っていなければ、価値が半減する。

高速道路も道路であることに違いはない。全国のすべての国民のために造られているものであり、すべての国民が公平に等しく使えなければ意味がないモノだ。高速道路は少しでも多くの人が利用し、人やモノをより遠くへ、より速く、より多く、運ぶための道である。全国のすべての国民に使われてこその高速道路なのだし、全国のすべての国民が等しく使えなければならない。

だから、たとえ建設のため、維持管理のために必要な原資を賄うための料金を徴収するとしても、その料金に国民の間で違いがあってはならない。本来、遠くにいる人と、近くにいる人で差があってはならないのである。差があっては、住む地域によって高速道路の使い勝手が違い、結局は地域間の格差を生んでしまう。それでは、国全体の経済発展を妨げる。

ちなみに道路法では、道路上の駐車場の料金について、第24条の2第2項2号において「自動車または自転車を駐車させる者の負担能力にかんがみ、その利用を困難にするおそれのないものであること」と、誰もが利用できる料金にしなければならないと規定している。

残念ながら高速道路については、料金の規定がない（建前としてNEXCOによる民営を前提としているからであろう）が、当然に駐車場以上に誰もが利用できる料金にしなければ、「地域から地域に高速に人・モノ・情報を運ぶ」という機能自体を発揮できない。

遠くへ行けば行くほど高くなる距離制料金制度が地域格差を拡大する

どこの地域を走る高速道路でも、１㎞当たり24・６円の料金というのは、一見すると国民みんなが等しく負担する制度のように思える。だが、日本の首都は東京1カ所しかない。そして、東京を中心とした首都圏だけで全人口の３分の１以上の４４００万人の人が住み、大学生の定員の40・６％を持ち、日経平均の対象大企業２２５社の76％が立地している。東京に住んでいる人は地方へ行く必要は少ないが、東京以外の人は東京に来ないと商売もできず、大学にも行けないのが実情だ。

だが、遠くへ行けば行くほど高い通行料金を払わなければいけない日本の高速道路料金制度では、東京から離れれば離れるほど、東京へ行くのに高い通行料金を払わなければならなくなる。つまり、実質的には住んでいる地域ごとに、工場や本社が存在する地域ごとに、格差のある料金制度となっている。

たとえば、10トントラックで大根を運ぶ場合に、大根の1kg当たりの平均出荷額を60円とする。計算しやすくするため、隙間なく積み込めたとして、10トントラック1台で60万円の大根が運べる勘定になる。大消費地である東京へ運ぶ場合、１００km しか離れていない地域なら、その通行料金は往復で1万６８３６円で済むが、４００km離れた地域から運ぼうとすると6万５５４４円もかかる。１００km しか離れていない地域なら出荷額の2・8%で済む通行料金が、４００km離れた地域では10・9%にもなる。これでは、いくら生産努力をしても、通行料金だけで吹っ飛んでしまう。もちろん、４００km離れた地域は、このほかに輸送の際の人件費も燃料費も１００km離れた地域の4倍余分にかかる。せめて、通行料金だけでも等しくしないと、その差は努力では縮められなくなる。

このような高速道路料金を今の距離制料金のままにして、地域の活性化などあったものではないということがわかるだろう。

また、時代が進化し、国家が発展途上国から先進国へと階段を上って行くにつれて、国家が国民に保障する「健康で文化的な生活」の水準も上がり、それにつれて国が国民に等しく提供すべきモノやサービスの質も量も向上しなければならない。より上質なモノやサービスを国民に提供できてこその先進国だ。

実際に、医療でいえば、内視鏡的胆管結石除去術やＤＮＡ診断など、ここ30年で１４１もの先進医療が保険適用医療になっている。また、高校も無償化が進み、半義務教育化してきているのはご存じの通りだ。

そして、道路が提供する価値の質も量も、時代に伴って向上してきている。戦後すぐまでは、都市部の道路でも舗装されていなかった。たとえば「巨人の星」や「あしたのジョー」など古いアニメを見ると、主人公たちは茶色い道を走っていて驚かされる。戦後すぐの道路は、自動車交通に対応していなかったのだ。

だが、今は道路法で自動車の通行に耐える構造とすることが規定されている。国家が提供すべき道路の質も量も、時代に連れて、国民の生活レベルの向上に合わせて向上させなくてはならない。そうでなければ、道路が道路としての機能を果たせないからだ。みんなが自動車に乗るようになれば、自動車の通行に耐えられる舗装をしなければならないし、歩行者が快適に安全に歩けるように歩道をつけなければならないし、必要な箇所にはガードレールもつけなければならない。

1962年12月20日、首都高の京橋－芝浦間（4・5㎞）が均一料金で開通するまで、日本では高速道路と名のつく道路はなかった。首都高の正式名称は首都高速道路だが、高速道路法上の高速道路ではないから、厳密に日本に高速道路ができたのは1963年7月16日に名神高速道路の栗東IC－尼崎IC間（71・7㎞）が開通した時ということになる。いずれにしろ、高速道路ができてから60年近く経つ。

1960年には存在しなかった日本の高速道路は現在、約8800㎞まで伸びた。その間に日本の乗用車の普及率は、2％以下から50％を超えるまでに増加した。自動車が「特別な人だけが持ち、使うもの」から「国民誰もが使うもの」へと変わったといえる。

それに伴って、一般道路は土の道路から舗装道路へと変わった。しかし、高速道路は遠くへ行けば行くほど高くなる通行料金体系を変えることはなく、相変わらず一部の人しか使えない料金設定となっている。

国が国民に提供するインフラのあり方として、これでいいのだろうか。

高速道路は鉄道と違って自ら運んでくれない

鉄道は、道路と違って自ら人やモノを運ぶのだから、遠くへ行けば行くほど、電気代も、運転手などの人件費も余計にかかる。だから、遠くへ行けば行くほど高くなる距離制料金が合っているシステムだ。また、その成立の最初から市場原理に任せて整備されてきた。最初にできた鉄道は民営というシステムだ。

鉄道では、シートの数や定員は決まっている。1人がシートに座ってしまうと、ほかの人はそこに座れない。提供できる数が限られており、それを超えて提供しようとすれば、また新なシートを、電車車両を、そして運転手を必要とする。もちろん、電気代も多く乗せれば乗せるほど余計にかかるし、鉄路自体も損耗する。そして料金を徴収するのも極めて簡単だ。切符を買った人だけ乗せればいいからである。経済学でいう「競合性」と「排他性」を持つ、公共財の反対に位置する「私的財」の典型なのだ。

だから、地域によってその使い勝手に差があっても仕方がない。そもそも、鉄道が通っていない地域も多い。また、料金も一律ではなく、一部の豪華列車などは、ほんのひと握りの人しか使えないとても高い料金だが、それが許されるのは、「公共のものではないから」だ。もしかすると、遠い未来には国家が国民全員に等しく移動手段を提供する日が来るかもしれないが、現時点で、鉄道を公共財として国民に提供している国はない。

だが、高速道路は違う。目的地まで安全に運んでくれる運転手はいないし、目的地までのガソリンなどの燃料代もかかる。さらに、自動車自体を自分で用意しなければならないし、その整備も自分でしなければならない。鉄道とは提供されるサービスの内容がまったく違う。

また、誰かが高速道路を走っているからといって、ほかの車が走れないということはない。渋滞するほどに入り込む車両が増えれば、それ以上は入れなくなる「競合性」が生じるが、その心配をしなければならない高速道路は限られている（のちほど詳しく述べるが、日本の高速道路の多くはガラガラであるし、渋滞が常時発生する原因も距離制料金制度のためにある出口の料金所にあるケースが多い）。

そもそも、多くの人・モノ・情報が利用し、交流しなくては宝の持ち腐れである。また、鉄道と違い、ある程度までは利用する自動車が増えても費用は増えない。それどころか、料金収入が増えるため、同じ額の収入を得るための料金を低くできる。高速道路といえども道路であり、その公共性は極めて高い。使われれば使われるほど、人・モノ・情報の交流は活発になり、その結果、文化も経済も活性化し、発達する。

先に日本と比較したドイツ、イギリス、そしてアメリカと、先進各国が原則として、高速道路を無料としているのは、馬車の頃からいち早くそのことを熟知しているからだろう。

だが、現時点で東日本・中日本・西日本とNEXCO３社合わせて約６０００億円の修繕などの維持管理費および約40兆円ある高速道路整備に伴う未償還残高を国費で支払い、無料とするには無理がある。また、先のワトキンス・レポートの中でも、「日本において近代的道路を造る補助的財政手段として有料制度は経済的見地からも望ましい。これは高速道路を早期に整備する方法としても望ましい」としており、いきなりの無料化は困難のほうが大きいといえる。

しかし、ワトキンス・レポートにいう「有料制度」が、走行距離が延びるほど高くなる距離制料金を指していたわけではない。なぜなら、そのような制度は当時世界になかったし、そもそも次項以降で述べる数多くの弊害を持っているからである。

3 距離制料金制度が生み続ける経済的損失

ドイツの半分以下の国内旅行消費額

距離制料金制度の弊害が端的に表れるのが、経済的損失である。本来、日本の大動脈として人・モノ・情報の交流をスムーズにすべき高速道路が動脈硬化を起こしているために、これらの交流が阻害されていることから損失が起きるのである。

先にドイツ・イギリスと比較した通りに、日本の国内旅行消費額は、ドイツの年間39・6兆円、イギリスの年間28・8兆円に対して、日本は年間20・5兆円と、人口が多いにもかかわらず際立って低いものだった。もし、日本人がイギリス人と同じだけ国内旅行をしたなら、日本の国内旅行消費額は年間54・7兆円に、そしてドイツ人並みに旅行をしたなら年間60・3兆円にも跳ね上がる。

つまり、日本人がドイツ人並みに国内旅行を楽しんだ場合には、日本の経済規模は真水ベースで40・3兆円も増加するのである。この40・3兆円という金額は、日本のGDP約536兆円を7・5%も押し上げられる数字である。しかも、観光の経済波及効果はほかの産業よりも高く、約2・0という指数が経産省でも使われているため、経済波及効果を合わせたGDPの増加は80・6兆円にも達することになる。

コロナ禍を経験している現在では夢物語であり、発表当時でもいささか楽観的といわれたインバウンド戦略であるが、2030年に目標である6000万人もの訪日観光客が来たとしても、その観光消費額は総額で15兆円に過ぎない。国内の旅行消費をイギリス並みにするほうが、世界情勢に左右されて不安定極まりないインバウンドよりも何倍もの経済効果があるし、また確実だ。

ボトルネックである高速道路の料金制度を改善し、使い勝手をよくすれば、この経済効果を生み出せる。この30年間ほとんど経済成長できずにいる頭打ちの日本経済にとって、これほど効果のある経済的分野がほかにあるだろうか。いや、見方を変えれば、遠くへ行きにくくする高速道路の距離制料金制度のために、年間80・6兆円ものGDPを捨てて来たともいえるだろう。

上限1000円走り放題で日本人の旅行消費額は年間8500億円も増えた

もしかすると、すぐに反論したがり、「問題の根本を見つけて解決する努力」を放棄して無駄に複雑化したがる人は「日本人が旅行しないのは、高速道路の料金制度だけが問題なのではない。一番の問題は、日本人が休めないことにある」というかもしれない。

しかし、先に見たように、日本人の休暇日数は、ドイツやイギリスに比して決して少ないわけではない。それに収入が低いわけでもない。国内旅行をする上で、高速道路の料金以外に、ドイツ・イギリスと日本の間で大きく異なる因子がないのだ。だから、高速道路の料金制度を変えるだけで、日本人はドイツ人やイギリス人並みに国内旅行をするようになる可能性が高い。

そして、そう言い得る実例、社会実験の結果がある。

それは、2009年に「土日だけ、ETCを搭載した乗用車に限る」という制限の下に、上限1000円で走り放題の料金制度を実施した時、当然、日本人の休暇が増えたわけではなかったが、高速道路の通行量は2008年度の約23億台から2010年度には約27億台へと約20%も増加した。旅行消費額の真水の上昇額は年間8500億円と国交省が算定している。休暇を増やさずとも、高速道路の距離制料金を上限を定額にしただけで、旅行消費額は間違いなく増加したのである。

土日に日本人が休むというのは、商業・サービス業に従事する人が労働人口の70％近くを超える現代においては、妄想に過ぎない。カレンダー通りに休むのは公務員や銀行員のほかは大手企業の本社正社員くらいで、総務省統計局の「平成28年社会生活基本調査」から算出すると、全有職者の内で土曜日に休める人は43％、日曜日に休める人は63％であり、半数近くの人がこの土日だけの上限１０００円での走り放題を利用できなかった。

また、当時のすべての車がＥＴＣを搭載していたわけではない。ＥＴＣを搭載した車は、上限１０００円乗り放題が始まって2カ月後の２００９年5月にようやく３０００万台を超えたと報道記事がある。この時点の自動車登録台数は７３８１万台であるから、概算で全乗用車の内40％の車だけがこの上限１０００円乗り放題制度の恩恵を受けることができた。

つまり、約半数の人しか利用できない土日限定で、40％の車しか利用できないＥＴＣ限定と掛け合わせると、約全乗用車の約4分の1以下の人だけが上限１０００円制度を利用できたに過ぎないと考えられる。それでも、直接的な観光消費額だけで年間８５００億円も消費が伸びたのだ。

注目すべきは、当時の観光の主役であったバスは、この上限1000円走り放題の恩恵を受けていないという点だ。もし、バスもこの社会実験の対象としていたなら、観光消費額はもっと大きく伸びたことだろう。

そして、利用のピークを作ることで渋滞を生みやすい曜日の限定をなくし、乗用車だけでなく、バスやトラックなど産業用の車も含めて、すべての車が365日、定額で高速道路を利用できたら、そしてそれが常態となったらと考えるとワクワクしてくる。

高速道路の料金制度を変えるだけで、国内の経済活動量は間違いなく増加させられる。

距離制料金制度が運転手の健康をも害している

また、料金定額制は、職業ドライバーたちにもよい効果をもたらす。

日本の高速道路が距離制料金制度を採っていることは、乗用車による個人旅行だけに悪影響を与えるわけではない。むしろ、上限1000円乗り放題を行った時にも対象とならなかった観光バス旅行のほうが影響は大きい。

東京の用賀IC（東京IC）から高速に乗り、東名・名神高速道路を使って大阪の吹田IC

で降りると、バスの高速道路料金は片道で3万40円、往復では6万80円にもなる。仮に30人の客が乗ったとしても、高速道路料金は1人当たり2000円にものぼる。もちろん、これに燃料代とバスの減価償却費、広告宣伝費、それに運転手とバスガイド、営業、受付から事務処理をする社員の給与費、そして立ち寄る観光施設の入場料がかかる。これだけで、日帰りパック旅行の売れ筋上限である1万円に抑えるのは至難の業だそうだ。

さらに2013年8月1日からは、500km以上走行する場合は運転手が2人必要と定められた。これでは、到底日帰りパック旅行は成立しない。そのために現在、片道250kmを超える観光地は、日帰りバス旅行の目的地とはなりづらい。高速道路の距離制料金制度が日本の観光産業を衰退させているだけでなく、人と人の交流を制限している意味は大きい。

距離制料金制度は、人の交流だけでなくモノの交流、物流の障害にもなっている。当然だろう。10トントラックで東京から大阪まで荷物を運ぶのに、往復で6万円も高速道路利用料金がかかるのだ。そのため、多くのトラックが高速道路を避けて一般国道を走ったり、あるいは少しでも料金が安い時間帯を選んで高速道路を乗り降りしたりしようとする。夜半に高速道路のサービスエリアがトラックで埋まるのはこのためである。

一般道路を走るにしろ、安い時間帯を狙って高速道路に乗るにしろ、そのしわ寄せはすべて運転手にのしかかってくる。それだけ運転手の疲労は溜まり、健康面の悪化を招くだけでなく、幾度もニュースになったように「居眠り運転事故」という最悪の事態にもつながりかねない。

もし、日本の高速道路が距離制料金制を採っていなかったら、イギリスやドイツのように無料といわなくても定額制であったら、トラックの運転手は、高速料金の安くなる夜間に運転するためにサービスエリアの駐車場で仮眠を取るという無理をしなくても済む（同時にサービスエリアの駐車場問題も解消する）。また、わざわざ高速道路を避けて一般道路を走り、長い運転時間に疲れ切る必要もなくなる。

15人もの犠牲者を出した2016年の軽井沢スキーバス転落事故も、「高速道路を走っていれば」と思える。高速道路料金が距離制で遠くへ行くほど高くなるから、高速道路を避けて、距離と時間が延び、急カーブが続く一般道を走らざるを得なかったのだ。

定額制になれば、トラックやバスの運転手は、気楽に高速道路を利用でき、今よりずっと健康的になり、なり手も増えて慢性的な人材不足の解消にも寄与する筈だ。

高くつく遠距離大量輸送

高速道路の料金は、当然のことながら、生産物資の輸送費に直接影響を与える。次ページ図表14は、ドイツ・イギリス・アメリカなど先進国において100kgという比較的少量の貨物を50km輸送する場合の輸送費を、日本を100として比較したものである。

ドイツやアメリカなどの国々と日本の労働単価はさほど差がない筈だが、グラフが示している通り、少量の貨物を近隣に輸送する際の輸送料金は、恐らく日本の郵政事業の優れた合理的配送システムとドライバーを始めとする物流企業の文字通り身を削る努力によって、フランスの11分の1以下、アメリカの7分の1以下と、日本が断トツといえる安さを誇っている。当然のことながら、この安い輸送費の恩恵は製造業から商業・サービス業まであらゆる業種が受けている。だから、近隣に比較的軽い、少量の荷物を送る時は、輸送費に躊躇せず物流を活発にできるわけである。

ところが、次ページ図表15のように、10トンという比較的重い、あるいは大量の貨物を1000kmという長距離間で送る場合の輸送料になると軽量貨物を短距離間に送る時の輸送料では断トツに安かった日本の優位性はかなり失われてしまう。11倍以上もの差があったフラン

図表14　100kgの貨物を50km運ぶ場合の輸送費（日本を100とした指数比較）

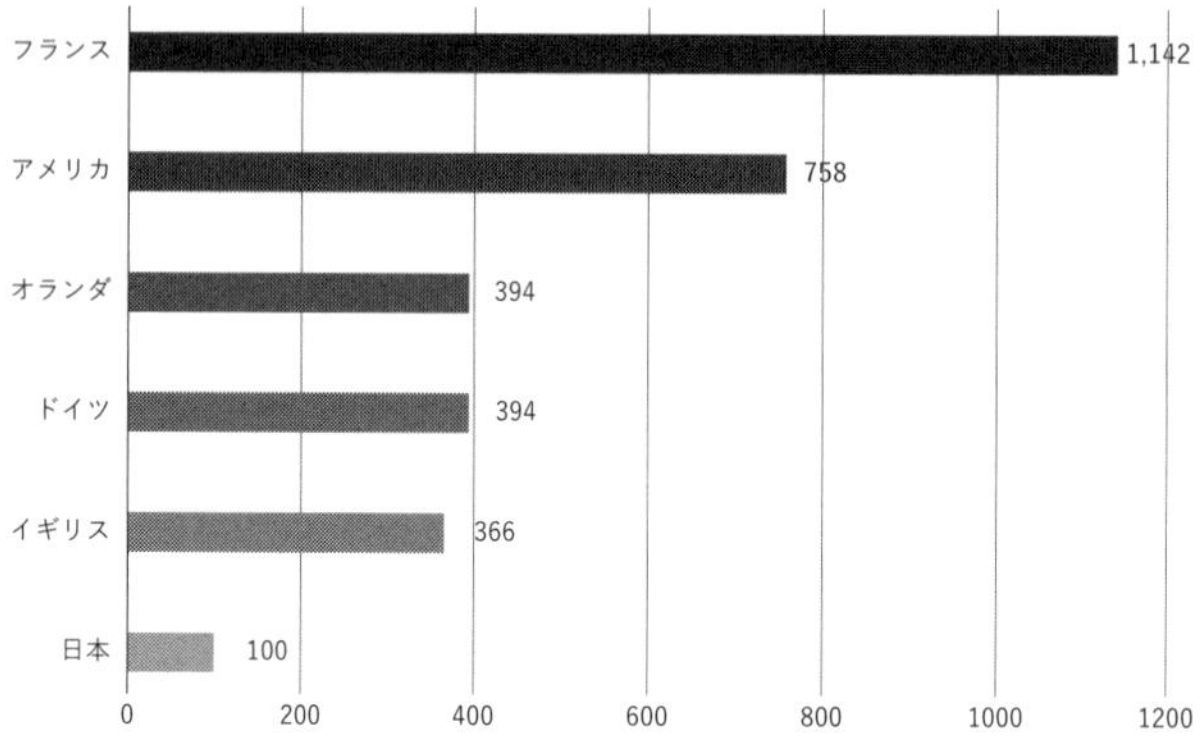

出典：社団法人日本物流団体連合会
「物流サービスに係る内外価格差調査報告書」(2007年度実施)

図表15　10トンの貨物を1000km運ぶ場合の輸送費（日本を100とした指数比較）

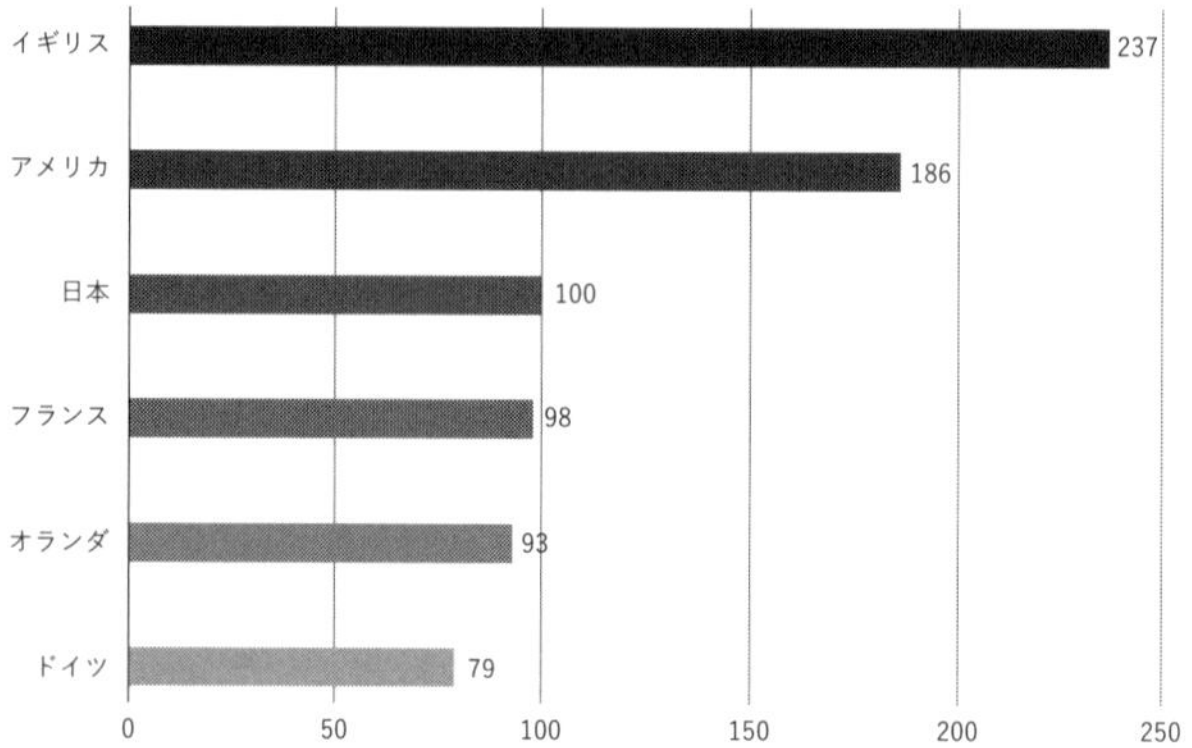

出典：社団法人日本物流団体連合会
「物流サービスに係る内外価格差調査報告書」(2007年度実施)

スよりも高くなってしまい、ドイツ、オランダよりも高いものとなり、アメリカ、イギリスとの差もかなり小さなものとなる。

この原因として考えられるのは、距離制の高速道路料金の存在以外にない。

少量・短距離の輸送では断トツに安かった日本の輸送費を支えるドライバーなどの賃金が、大量・遠距離になるといきなり10倍以上の差を一気に埋めるほど高くなる筈もない。また、トラックを動かすための燃料費も、距離が増えるといきなり高騰するというわけがない。当然、日本だけが効率の悪いトラックを使っているということもない。長距離になるといきなり日本の物流の優位性が失われてしまう原因は、距離制の高速道路料金制度以外に考えられない。

そして、この物流費が日本の輸出力に、そして、地方の工場立地に大きく関わってくる。まさに、高速道路の使い勝手は、国の経済活動をも左右するのである。

地方の過疎化を促進する距離制料金制度

少量・短距離輸送では11倍あったフランスとの差が、大量・長距離輸送では一気にゼロになるということは、日本だけで考えれば、少量・短距離輸送に比して大量・長距離輸送は11倍高くつくということがいえる。それは、どんな影響を与えるだろうか。

当然ながら、製造業から商業・サービス業に至るまで、日本のあらゆる企業は、大量・遠距離の輸送を控えることになる。それを行えば少量・短距離の輸送の11倍もの経費がかかるからだ。輸送費は製品価格に直結する。11倍もの経費を吸収できる製品はグラム単価の高いIT関連機器くらいしかない。その他の製品を取り扱う企業は大量・長距離輸送が必要な業者との取引を控えざるを得ない。製造業に関していえば、中京圏に拠点を置く大手製造業者は遠くの企業との取引を控え、近隣の企業との取引を優先させることになる。中京圏に製造業者が集中しているのはこのためだ。

東北や九州の企業が中京圏の製造企業と取引しようとすれば、11倍も高くつく輸送費を、価格か品質で吸収し得るだけの製品を作らなければならない。でなければ、中京圏の大企業は近隣の企業との取引を止めてまで、東北・九州の企業と取引をしたりしないからだ。これは、北海道はもちろん、東北・九州の企業にとってもあまりに高過ぎるハードルである。したがって、東北・九州には製造業が立地しにくくなる。これでは、いくら、東北・九州の自治体が企業誘致活動に注力しても、この「11倍効率の悪い長距離輸送費」が立ちはだかることになり、なかなか成果が得られない。

このことは製造業に限ったことではない。農業も漁業も、消費地から遠ければ遠いほど、距離が延びると高くなる高速道料金制度の影響を強く受ける。そして、地方には金が回らなくなり、企業が減り、就職先がなくなり、過疎化していく。

日本の地方の過疎化を進めている元凶のひとつは、間違いなく、高速道路の距離制料金制度だ。

地方にとって距離制料金制度は二重のハンデ

つまり、距離制の高速道路料金制度は、消費地や製造拠点から遠い地域にとって、「二重のハンディキャップ」を与えているのである。このことが、距離制料金制度の最大の欠点であり、問題点である。

消費地や生産拠点から遠い地域は当然、燃料費も人件費も距離に比例してかかり、それに何より時間がかかる、というハンディキャップを負っている。このハンディキャップを埋める手段の最たるものが高速道路の筈である。高速道路は遠隔地の最大のハンディキャップである

「時間がかかる」という点を改善する最高の手段である。時間短縮ができるため、人件費も少なくて済む。また、高速道路は加減速を行う必要性がほとんどないため、燃料費も一般国道の半分近くにできる。高速道路の持つこれらの利点を一気に喪失させてしまうのが、距離制の料金システムなのだ。

現在、普通車であれば、信号で止まる必要のない高速道路なら平均して1リットルのガソリンで20㎞弱走れる。ガソリンが1リットル145円として、逆算すると1㎞走るのにかかるガソリン代は7・25円程度だ。自動車メーカー各社は、この1㎞7・25円のガソリン代を少しでも低くするために熾烈な燃費競争を演じている。

しかし、普通車でわずか1㎞、時間にして36秒走るだけで25円弱かかる距離制の高速道路料金は、人件費と燃料費の削減額を遥かに上回る。せっかく高速道路があっても、多くの人がその高い利用料のために使わないのでは、何のための高速道路かわからない。

4　距離制料金制度が高速道路の使い勝手を悪くしている

距離制料金制度が生んだ巨大なインターチェンジ

日本の高速道路が距離制料金制度を採っているために、本来なら高速道路網から得られるべきさまざまな利益を得られずにいる。損失を被っているのは、経済的な効用だけではない。

まず1点目は、「インターチェンジ」という名で呼ばれている出入口が広大過ぎる点である。距離制料金制度を採用し、その制度を維持するためには、出口で「どの入口から高速道路に乗ったのか」を確認し、その走行距離に応じた料金を徴収する必要がある。今でこそETCという無人でこの料金徴収事務を行えるシステムがあるが、高速道路を造り始めてから、多くの高速道路を整備し終えるまでは、人力でこの事務を行う必要があった。そのために、高速道路の上下線から降りる車、乗ろうとする車を1カ所の料金所に集める必要があり、広大なクローバー型やトランペット型のインターチェンジという巨大な出入口を作ってきた。

この日本型のインターチェンジという出入口に慣れ親しんでしまって、これが当然と思ってしまっている人が多いと思うが、無料であればもちろんのこと料金所は必要ないし、均一料金制度であっても乗り口に簡単な料金所があればよく、出口には料金所を必要としない。だから、インターチェンジのために広大な土地を用意することも、無駄にぐるぐると回る長大なランプウェイも必要としない。

実際、日本でも、かつては均一料金制度を採っていた首都高や名古屋高速道路（2021年5月に国交省の指導により距離制にされた）には、出入口に広大な

© metamorworks/iStock

インターチェンジなどは存在していない。入口・出口ともに、単に一般道路につながる直線的なランプウェイがあるだけである。

だから、ほかの高速道路では約10㎞に1カ所しかない出入口が、もともと定額制の道路として整備された首都高や名古屋高速道路では約2㎞に1カ所あり、それだけ目的地に近いところで高速道路を降りられるため、非常に便利になっているのだ(面白いことに、かつて国交省に対して、「日本の高速道路が距離制料金制度であるために、約10㎞に1カ所と出入口が極めて少なく不便だ」と言ったところ、「名古屋高速道路は2㎞に1カ所の出入口がある」と定額制の道路を持ち出して反論してきたのには笑うしかなかった)。

出入口が少な過ぎて使いにくく、地方に行けばガラガラ

長大なランプウェイと広大な土地を必要とするインターチェンジを整備するには、莫大な整備費がかかる。このため、先ほど述べたように、日本の高速道路の出入口は平均で10㎞に1カ所(ちなみに東名高速道路の東京IC－三ヶ日IC間には延長距離251㎞に対して23カ所しか正規のインターチェンジがない)と、平均で4・5㎞に1カ所出入口がある他国に比べて極

めて少ない。

このことは、「日本の高速道路の使い勝手は、諸外国に比して悪い」ということを意味する。せっかく高速道路が目的地の付近を通っていても、目的地を通過して一般道を戻るか、その遥か手前で高速道路を降りなければならない場合が多くなるということだ。

その分だけ走らなければならない距離は増え、時間が余分にかかり、ガソリン代も高くつく。そのために、料金とはまた異なる理由で高速道路が使われない原因になっている。

© CAPTAIN_HOOK/iStock

さらに乗り降りの車を1カ所の料金所で処理するために、巨大なトールゲートを設けている。このトールゲートでは、高速道路の速いスピードに慣れてしまったドライバーが料金ブースに突っ込まないように、舟形の巨大で頑丈過ぎるコンクリート製のアイランドが作られている。この車を壊すためにできているとしか思えないコンクリートの塊の凄みに、ギョッとしたドライバーも多いことだろう。

これも日本の高速道路の利便性を大いに下げている元凶となっている。というのも、これがあるために、本来は直線的で信号のない高速道路を通るべき大型のトレーラーや重機が通れないからだ。

新幹線の車両や飛行機の胴体、あるいはロケットなどを輸送するのにも、高速道路を使えばほかの交通に迷惑をかけずに済むものを、この障壁があるために深夜に一般道路を走らなければならない。それだけではなく、東日本大震災の時、被災地の救助・復旧に向かう大型のトラクターやパワーショベルなどの重機が高速道路を使えないため、延々と一般道路を走らなければならず、それだけ被害を拡大させてしまうという悲しい事態も引き起こしている。

東京にいると毎日、首都高の混雑ぶりを見聞きするため、日本の高速道路には利用者数を増やす余地などないと思っている人が多いかもしれない。しかし、実体は混雑とは程遠い。

たとえば日本の高速道路の中で最も利用されている東名高速道路の平均通行量は、1日24時間で5万7673台であり、これは京都府の国道1号線の終点の9万2218台よりも遥かに少ない。

地方の高速道路は当然、東名高速よりもずっと少なく、地域の主要な高速道路でも、道央自動車道の平均通行量は9545台、磐越自動車道1万573台、北陸自動車道2万4430台、中国自動車道1万6996台、九州自動車道5万2518台である。

図表16　高速道路の平均通行量の例

高速道路名	台数
東名高速道路	57,673
道央自動車道	9,545
磐越自動車道	10,573
北陸自動車道	24,430
中国自動車道	16,996
九州自動車道	52,518
東北中央自動車道	3,578
東九州自動車道 清武南本線	7,501

出典：国土交通省発表「全国・主要都市圏における高速道路・主要国道の主な区間の交通量増減（2016年度）

地域だけの自動車道では、東北中央自動車道の３５７８台、東九州自動車道清武南本線が７５０１台など、十分に活用されているとはお世辞にもいえない状況にある。

この使われない高速道路、インフラ投資の無駄を生んでいる元凶が、高速道路の距離制料金制度にあるのは間違いない。

5 高速道路料金は、経済効果を最大限にするものでなければならない

すべて価格はディマンド・プルで需要を最大化するように決める

「価格戦略」という言葉がある通り、経済活動を行っている企業の場合、「料金・価格」というものは、製品の売れ行きを決定的に左右するものである。その料金・価格を決める時には、それこそ頭を掻きむしり、眠れない夜を幾日も送った末に、心臓が止まる思いで決めるものだ。単純に「製造原価に利益を上乗せしたもの」では決してない。

価格は本来「ディマンド・プル」、つまり消費者ニーズに基づいて決定されなければならない。決して「プロダクト・アウト」ではいけない。自社の勝手な都合で決めてはならないものなのである。そもそも勝手に決めたところで、その価格が消費者に受け入れられなければ買ってもらえないのだから、結局は消費者に受け入れられる価格、つまりはディマンド・プルで決めるしかないのが価格というものである。

競争相手となる他社製品の価格やサービス提供価値はもちろんのこと、社会情勢も含めた周到なマーケット・リサーチを経て、どこにどれだけの市場があり、ペルソナと呼ぶ「ターゲットとなる消費者像」を事細かに描き、そのペルソナの趣味嗜好、そして収入と可処分所得を予測し、いくらならどれだけ売れるかを綿密に見積もって初めて決める。そして、その価格から売り出すべき製品を逆算で考えるくらいのものだ。

つまり、料金・価格というのは製品を生み出す根本であり、製品が消費者に提供する付加価値の中でも最も大切なものである。それはたとえお米のように欠くべからざる製品であっても、仮に1kgで100万円もしたら、さすがに誰も買わない。そうなれば、誰にも栄養と味、満足感という価値を提供できないモノになってしまう。料金・価格が1円違えば、売上が何倍も変わる。適当に決めていいものでは断じてない。

もちろん、製品を1個の価格戦略だけでなく、その製品を1個いくらという「単価」で売るのか、「セット」で売るのか、あるいは「使用量に比例した価格」で売るのか、「リース」にするのかという点も十二分に検討する。乗用車は1台いくらで売る通常の売買が適切であっても、商用車も同じ売り方がいいとは限らない。常に顧客が期待する性能を保証しつつ、利用量に準じた料金制度にしたほうが、顧客にとって利便性が高いかもしれない。

これまで売り切りが主であったMicrosoft Officeが、今では月々の利用料金制度に替わってきているのも、使われ方・需要を精査した上で、最大の需要を掘り起こせると判断されたからだ。同様に、ネット業界を中心に、「サブスクリプション」と呼ばれる月々一定額の利用料で、ビデオ見放題、音楽聞き放題という価格戦略が採られるようになっている。

高速道路料金は、ディマンド・プル＝全国の国民主体でなければならない

高速道路は、利用者である全国の国民にとって、車のように「トヨタが気に入らないから他社の車に乗る」という別の選択肢がない。気に入っても、気に入らなくとも、納得していても、していなくても、それしか選択肢がないものだ。

唯一、「高速道路を使わない」という選択肢があるが、それを選択させることは誰にもできない。なぜなら、繰り返すように高速道路は全国の国民のものであり、使われない高速道路があれば、それは国民の財産を棄損することになるからだ。

だから、企業が提供する商品・サービスの料金・価格のように、好き勝手に決めていいものでは決してない。ディマンド・プルでない料金・価格を決めた企業が商品・サービスが売れず

に潰れるのは勝手だが、高速道路がガラガラで赤字になることは、二重の意味で許されない。ひとつには、所有者である国民の財産を棄損する行為であるからであり、もうひとつには、国民に選択の自由がないためである。

だからこそ高速道路の利用料金は、企業の商品・サービスの料金・価格とは比べられないほどに慎重に、ディマンド・プルの考えに基づき、全国の国民志向で決定されなければならない。

では、その全国の国民志向の料金とは、具体的に何を指標にして評価・決定されるべきだろうか。

企業では当然、利益を最大化できるかどうかが料金・価格を決定する際の指標だ。これに倣えば、高速道路は所有者である国民の利益を最大化するかどうかが指標となる。

国民の利益とは、経済効果にほかならない。高速道路を工場のメイン・ラインにたとえれば、いかに効率よく上を走る車を流すか。そして、工場の機械・設備に相当する「高速道路が結ぶ地域」を活性化するものでなければならない。

言うまでもなく、経済効果は総合的に判断されなければならない。高速道路が今よりも利用されると、利用者が減る鉄道なども出るかもしれない。それでも、高速道路の利用が進むほうが、利用者の効率が向上して経済を活性化するなら、躊躇なく高速道路の利用を進めるべきだ。

根拠がない距離制料金制度

では、現行の距離制料金制度、そしてその中で決められている「入口を通るだけで150円も取られるゲート通過料金」や「1㎞当たり普通車25円、大型車41円、特大車68円の料金」は、一体どのように決められたのだろうか。

これについては、前述のようにさまざまな弊害・デメリットを有している現行の高速道路の距離制料金制度がどうして決まったのか、いくら探してもわからないのである。

最も信憑性があるのは、すでにあった鉄道の料金制度に倣ったという説だが、それとて、確かな根拠は見つかっていない。国交省に尋ねても、「利用度に応じた距離制の料金制度は理解されやすく、国民に馴染んでいる」と言われるだけで、もともとの根拠を明確に示されたことはない。

東名高速道路の料金制度を決定した時には、世界中どこを探しても距離制の料金制度を採っていた国はなかったから、国際比較・研究の上での決定であった筈がない。また、日本で先行して開通した高速道路は首都高であり、首都高は定額制であったのだから、それに倣ったわけでもない。もちろん、利用者像や需要動向を考えた上での決定という可能性もあるが、それを示すデータはどこにもない。

結局、どうして距離制の料金制度を採用したか、そして、その料金を「1㎞いくら」とどのような計算に基づいて決定したのか。もし、確かな根拠があるのなら、誰でもいいから示してほしいものだ。

そもそも、高速道路は先に述べたように、地域と地域を結ぶ国家の幹線道路だ。だとすれば料金を徴収するなら、イギリスやフランスなどのように拠点から拠点までの一律の料金にすべきだろうし、それが最も理にかなっている。

逆に現行の距離制料金制度に何らの理論的根拠がないのなら、今すぐにでも理論的に考え直すべきだといえる。誤った料金・価格では、国民を満足させるべき価値は提供できないからだ。

ここで、一般企業のように「嫌なら使わなくていい」という論理は成り立たない。なぜなら、先ほど述べたように、高速道路の所有者は全国の国民なのだ。国民の所有する高速道路を「嫌なら使うな」という論理は最初から成り立たない。首都高など都市高速を除き、すべての高速道路はNEXCO３社が管理している。自分の地域を通る高速道路の管理会社は１つだけであり、首都圏の鉄道のようにA社は高いからB社の鉄道を使うというような選択権も国民にない。選択権がない以上は、全国の国民が納得できるように、国民が国民の財産から最大限の経済効果を享受できるような料金体系に一刻も早く是正しなければならない。

定額制使い放題のサブスクリプション料金は利用者を増やし、費用を低減する

高速道路と違い、鉄道料金を取らない国や、鉄道にどこまで乗っても均一料金で乗り放題という国は、世界中どこを探してもない。鉄道は乗客を運ぶために電力もいれば、運転手という人件費も、また電車そのもののメンテナンス・更新費も、利用距離に応じて必要だからである。人は鉄道に乗りさえすれば、自分の足で歩くことなく目的地まで行ける。しかし、高速道路に乗っても、高速道路自体が動く歩道のように動いて人を目的地まで運んでくれはしない。自分の車に自分の金でガソリンなどの燃料を補充して、自分で運転しなくてはならない。鉄道とはまったく違う。そして、高速道路の維持・運営費は、利用する車の個々の移動距離ではなく、高速道路上を走る車の台数とその車両総重量に比例する。距離制料金制度にはこの点からも意

味はない。

鉄道と同じく距離制料金制度がふさわしい交通機関であるバスでは、市区内など一定区間を定額料金としている例が多い。これにより、郵便制度と同じく利用者が増え、結果として収入が増え、かつ料金徴取の手間を削減することでワンマンオペレーションを可能にして、費用を抑えることに成功している。これに倣って、今後、利用客が低迷している赤字路線を中心に定額料金制度を採る鉄道も出てくると考えられる。

食べ放題の店をはじめとして、定食屋が繁盛している(高級レストランのコース料理も料亭のおまかせも定食の一種といえる)のも、ディズニーランドやユニバーサルスタジオが個々のアトラクションごとに料金を取らずに定額で1日乗り放題制度を採用しているのも、利用者を増やし、料金徴取などの必要経費を減らすのに定額制料金制度が貢献するからだ。これまで、「1本いくら」で売られていたゲームなどのアプリが、サブスクリプション方式で急激に拡大しているのも同じ理由なのである。

第 3 章

定額制料金制度は今すぐにでも実現可能だ

第3章の要点

◎高速道路の料金収入は1台当たりたったの800円

◎最初から800円乗り放題にしても収入総額は変わらない

◎定額化すれば普通車400円でどこまでも乗り放題にできる

◎高速道路料金収入の50%以上が借金の元本返済に使われている

◎令和48年（2066年）の無料化という妄想を改め、正直に永久有料化に改善すれば、普通車200円乗り放題が実現できる

◎定額化はノーリスク、ノーマネーで明日から実現可能

◎地方の高速道路はガラガラ

◎定額化で渋滞が解消する

◎定額化で高速道路の利便性は飛躍的に向上する

1　制度の導入にリスクはない

驚くべき利用実態――1台当たりの通行料はたったの800円

本来、離れた地域と地域をつなぎ、交流を活発化するために造られた高速道路だが、遠くへ行けば行くほど高くなる距離制料金制度のために、十分に活用されているというにはほど遠い通行量であることは前章で示した通りだ。では実際、本来の目的である遠距離の都市間・地域間走行に使われているのだろうか。それとも、十分に本来の目的を果たせないでいるのだろうか。

次ページ図表17はNEXCO３社が発表している通行量と料金収入の一覧である。これによると、高速道路を利用した車は平均で1台当たりわずか８００円強の通行料分しか走行していない。この通行台数には普通車だけでなく通行料金が約2倍となる大型車・特大車も含まれている。また、1台当たりの通行料金には１５０円の入場料というべき均一料金が含まれている。

本来、高速道路は国民の道路なのだから、その収入のすべてを明らかにすべきであり、どんな車が何台利用しているのか、少なくとも料金の種別ごとの通行量を明示するのが当然だが、NEXCO東日本以外は普通車・大型車などの車種別の通行台数を発表していない。そのため、推測するしかない状況だ。

仮に通行車両のすべてが普通車だとしても、800円－150円＝650円、650円÷24・6円で1台当たり26・4㎞しか走っていないという計算になる。先ほど述べたように日本の高速道路の出入口は平均で10㎞に1カ所しかないため、26・4㎞というと、わずか出口2カ所分

図表17　NEXCO3社の通行台数と通行料金収入（2019年度）

	通行台数	料金収入	1台当たり料金
NEXCO東日本	10億8109万台	8574億円	793.1円
NEXCO中日本	7億2102万台	6897億円	956.6円
NEXCO西日本	11億0166万台	7982億円	724.5円
合計	29億0377万台	2兆3453億円	807.7円

出典：NEXCO３社の公表値を基に著者作成

しか走っていないことを表している。

物流トラックや帰省のために文字通り長距離を走る車も含めての平均であるから、大多数の車は高速道路に乗っても出口1カ所分か2カ所分しか走らないで降りてしまっていることになる。これで、どうして高速道路法に謳われる「政治・経済・文化上特に重要な地域を連絡するもの」としての高速道路の役割を果たしているといえるだろうか。

1台当たり800円しか使ってないなら、最初から800円乗り放題にできる

だが、逆に「1台当たり800円強しか高速道路を利用していないこと」が、新たな料金制度に移行することを可能にしている。それはイギリスやアメリカを含む多くの欧米諸国の一部の高速道路で採用されている定額制の料金制度だ。一度高速道路に乗ったらどこまで走っても同じ金額、走り放題の料金制である。

現在、高速道路を利用している車が支払っている通行料金が平均で800円強ということは、入口で800円を支払えば、同じNEXCO管内ならどこまでも走れる定額制にしても、NEXCO各社の通行料収入は変わらないということだ。いや、現実には定額制になれば、遠くへ行けば

行くほど高くなる距離制料金制度のためにこれまで高速道路を利用しなかった人たちが利用するようになる。確実に利用者は増え、それに伴ってNEXCO各社の通行料収入も増える筈だ。

実際、前にも述べた通りに、1000円までの上限料金制度を実施した時は、「土日、乗用車のみ」という極めて制限された実施ではあったが、利用台数は20％も増加している。それをすべての車種・すべての曜日で行えば、確実に50％以上増加するだろう。しかも、出口での料金所は必要なくなり、入口での料金徴収は容易になるため、料金所が原因となっている渋滞は解消されるし、必要経費もその分が減少するので、利益はさらに増える。

利用車両が増えても赤字にはならない

もしかすると、高速道路の利用車両が増えれば、その分以上に道路補修費を含めた維持管理費が増えるのではないかと懸念する心配性な人がいるかもしれないが、それはまさに杞憂である。なぜなら、NEXCO 3社において、道路補修費のほか社員給与費も含めた管理費用の合計額は、2018年度で6497億円でしかない。

これが何を意味するかというと、800円の定額制とした場合に、仮に利用車両が10％増えたとすると、その通行料収入は当然に現在の料金収入の10％である2350億円増加する。それに対して、道路維持管理費を含めた管理費用は、「道路の損耗率が通行量の多さに対して幾何級数的に増える」と最悪の想定をした上で、仮に通行量の増え方の2倍増加するとしても、1303億円増加するだけである。つまり、利用車両が10％増えれば、NEXCO3社で合わせて1000億円以上も純利益が増える結果となる。

要するに、利用車両が増えれば増えるほど、NECXO3社の利益は増えるのであり、利用車両が増えるからといって、道路改修費用が収入の増加を上回ってかかり、赤字を出すようなことは絶対にありえない。

考えてみてほしい。通行料金1台当たり800円強の中には、軽自動車も普通自動車も大型トラックもバスも、20トントレーラーも含まれている。前述のようにNEXCO3社のうち、利用車両の内訳を発表しているのはNEXCO東日本だけであり、日本一の工業地帯を抱え貨物トラックの利用が最も多いと考えられるNEXCO中日本、NEXCO西日本は普通車が何台、トラックが何台と車両区分ごとの通行台数の内訳を発表していない。そのため、仮に軽自動車が5％、普通自動車が60％、2軸トラック・路線バスなど大型車が30％、4軸トラック・観光バスなど特大車が5％の車両割合とした場合、「普通車400円、大型車1500円」の定額制で十分に今以上の料金収入が得られる。つまり、仮に現在いる料金徴収のための人員の整理をせず、広大なインターチェンジのための土地を売却しなくても、NEXCO3社は悠々とやっていけるのだ。

土日だけ、そして普通車だけで1000円までの上限料金にした時でさえ、2割も利用車両が増えたのだから、トラックもバスも定額制にしたら、もっと利用台数は増えるだろう。増えた台数はそのまま通行料金収入に直結する。つまり、NEXCO3社の収入が大幅に増えることはあっても、減ることはない。

そして、これがこの定額制の提言の一番肝心なところだが、「定額制に移行するために必要な施設設備は何もない」ということだ。

必要経費といえば、料金表の改定費用ぐらいだが、これとて、もともと複雑極まりなかった料金体系がシンプルになるだけであり、毎年といえるくらいに料金を改定していることを考えれば、費用が減ることはあっても、増えることはない。もちろん、ETCのためのコンピューターソフトは更新しなければならないが、これとてシンプル極まりない料金体系になるわけだから、ちょっとした料金割引キャンペーンを行うより遥かに安く済む。何ら精算行為をせずに出口を通過できるのだから、出口の料金所での渋滞もなくなるだろう。

しかも、普通車400円ということは、出口でいえば平均2カ所分を通過する金額より安く、通勤だけに使っている人も多くの人は今より確実に安くなる。値上げにつながる人はほとんどいないと考えられる。ほとんど誰の血も流すことなく、1円の税金の投入も必要なく、イギリスやドイツ並みに高速道路が利用しやすくなるのだ。こんなに簡単な、何のリスクもない改革はほかにない。

定額制にするのに関わるリスクはゼロ

定額制にしたら、何かが悪くなるという人がいたら、それは何か教えてほしい。少なくとも筆者にはまったく思い浮かばない。実際、これまで10年以上、国交省やNEXCO各社に定額制を提案し、ことごとく却下されてきたのだが、そこで明確な反論を聞いたことは一度もない。ただ、「距離制料金制度でも何ら支障はなく、国民意識としても走った分だけ負担する今の制度は合っている」という抽象論を繰り返されただけである。しかし、先に述べたように、外国籍の人には定額制料金をすすめ、大規模な運送業者には大口多頻度割引という制度を作って40%もの割引を行っているのである。

今一度言うが、定額制にしても、誰一人首を切る必要はないし、1円たりとも収入が減ることはないのである。それにもかかわらず、役人は「現状を変更するリスク（実際、リスクなどないのだが）を取るのが怖い」という理由だけで、定額制への転換を拒否し続けている。これは、全国の国民に対する犯罪というべきだろう。

なぜなら、高速道路の真の所有者は、ほかの誰でもない全国の国民だからだ。私道を除くすべての道路の所有者は全国の国民である。その全国の国民の利便性を無視して、欠陥だらけの制度を押し付け続けるのは、全国の国民に対する犯罪以外の何物でもない。

図表18・19は、料金定額制を採用した場合の料金収入の試算である。現在、すべての高速道路利用車両に占める大型車の割合は27・6%であるが、東名・名神のそれはそれぞれ47・4%、43・0%（国交省「高速道路を活用した物流の現状」より）である。定額制になれば、真っ先に高速道路を利用するのはプロである物流車両であることを考えれば、先ほど仮定した「2軸トラック・路線バスなど大型車が30%」という数字は極めて現実的な数字であるといえる。

図表18　普通車400円の定額制を採用した場合の料金収入試算

	定額通行料金	割合	料金収入
軽自動車	300円	5%	435億5655万円
普通車	400円	60%	6969億0480万円
大型車	1,500円	30%	1兆3066億9650万円
特大車	2,500円	5%	3629億7125万円
合計	-	100%	2兆4101億2910万円

出典：NEXCO 3社の発表による利用総台数を基に著者試算

図表19　普通車200円の定額制を採用した場合の料金収入試算

	定額通行料金	割合	料金収入
軽自動車	200円	5%	2903億3770万円
普通車	200円	60%	3484億5240万円
大型車	600円	30%	5226億7860万円
特大車	800円	5%	1161億5080万円
合計	-	100%	1兆2776億1950万円

出典：NEXCO 3社の発表による利用総台数を基に著者試算

2 60年後の無料化を捨てれば普通車が200円で乗り放題に

3社の決算書にある「見慣れない数字」の正体

NEXCO3社の2018年度の決算の概要は、図表20の通りである。「料金収入」は高速道路を使う車から徴収する距離制の料金収入だが、ほとんど同じ規模で「道路資産完成高等」という、財務諸表では見慣れない項目が上がっている。

高速道路は、建設して完成した部分を独立行政法人日本高速道路保有・債務返済機構に引き渡すのだが、この項目は、その完成までにかかった経費（借入を含む）のことだ。同額が「道路資産完成原価」として支出欄に記載される。言ってみれば、NEXCOが同機構の代わりに工事を行い、工事にかかった経費を支出に計上し、同額で引き渡したので収入にも計上するという、普通の企業では許されない「行って来い」の水増し経理なのである。

支出において、道路のメンテナンス費用を含む維持管理費よりも遥かに大きな金額を占めて

図表 20　NEXCO 3社の決算の概要（2018 年度）

単位：億円

	NEXCO東日本	NEXCO中日本	NEXCO西日本	合計
営業収益	19,431	14,552	10,783	44,767
高速道路事業	18,659	13,770	10,288	42,717
料金収入	8,599	6,934	7,826	23,359
道路資産完成高等	9,985	6,835	2,433	19,253
その他事業	74	-	29	103
関連事業	773	782	494	2,049
休憩所事業	416	326	337	1,079
その他事業	357	456	157	970
営業費用	19,386	14,402	10,683	44,474
高速道路事業	18,649	13,673	10,246	42,568
道路資産賃貸料	6,211	5,010	5,603	16,824
道路資産完成原価	9,985	6,825	2,433	19,243
管理費用等	2,451	1,837	2,209	6,497
関連事業	739	730	436	1,905
休憩所事業	385	274	291	950
その他事業	354	455	145	954
営業利益	44	149	100	293
高速道路事業	10	97	41	148
関連事業	32	52	58	142
経常利益	75	166	129	370
当期純利益	41	101	98	240

出典：NEXCO 3社の発表による利用総台数を基に著者作成

いるのが、これまた通常の企業会計ではお目にかからない「道路資産賃貸料」という項目だ。

2001年の小泉純一郎政権時代に、戦後、高速道路の整備をしてきた日本道路公団の放漫経営による莫大な赤字が問題となり、民営化が進められた。最終的に日本高速道路保有・債務返済機構が日本道路公団のすべての資産と債務を受け継ぎ、NEXCO3社は同機構から高速道路を借り受けて、管理・運営のみを行うという体制が取られた。このため、同機構が銀行に対して返済する元金と利息の合計額を、NEXCO3社が毎年その利益から拠出することになっている。その拠出金が「道路資産賃貸料」である。

本来「賃貸料」は、その資産が生み出す価値に基づいて計算される。銀座の家賃が日本一高いのは、銀座の土地が生み出す価値がほかのどこよりも高いからだ。したがって、「賃貸料」とは言いながら、NEXCO3社がそれぞれ借り受けて管理している高速道路の現状価値から算出した、適正な「賃貸料」とはまったく無関係な数字なのである。この返済の肩代わりの支出がなければ、NEXCO3社の経常利益は1兆7194億円にもなる。

料金収入の60%が60年払いの元金の償還に使われている

ちなみに、日本高速道路保有・債務返済機構の発足時の借入総額は37兆3976億円だったが、2019年度当初には29兆451億円と、発足から約20年で10兆円弱を返済している（発足後も新規に高速道路を建設して新たな借入を行っているため、現実の返済額は10兆円を遥かに超えている）。その約30兆円の債務にかかる平均利率は1・02％（同機構の公表値）であるから、利息の返済だけなら約3000億円で済む。

つまり、国民が高速道路を走るたび支払っている通行料金の年額約2兆3000億円のうち、道路の維持管理などに直接使われる金額は、通行料金全体の3分の1にも満たない約6500億円で、これに累積債務の利息約3000億円を足しても1兆円足らずという金額に過ぎない。

したがって、今後、一切の高速道路を造らないことを前提とした現在の償還計画で、令和48年（2066年）という現在の高速道路利用者のほとんどが利用できないほどの遠い未来の無料化へのこだわりを捨て、元金の返済を止めて利払いのみにすれば、NEXCO3社は2019年度で2兆3453億円の料金収入が1兆円まで減ることとなっても、現在以上のメンテナンスを行いながらも十分な利益を出せる計算だ〈図表21〉。
料金収入1兆円を達成するには、2019年度と同じだけの利用車両数であれば、1台当たり347円の通行料を得られればいいことになる。だから、先に掲げた定額乗り放題の通行料金を半額にしてもお釣りが来るということだ。

「2066年での償還完了」という企業時間的には永遠ともいえる償還期間で債務償還を行うという無謀なこだわりを捨てて、利息だけを毎年きちんと支払うことにしても、貸し付けている銀行側は承服してくれると考えられる。

図表21　料金収入と返済費用の詳細

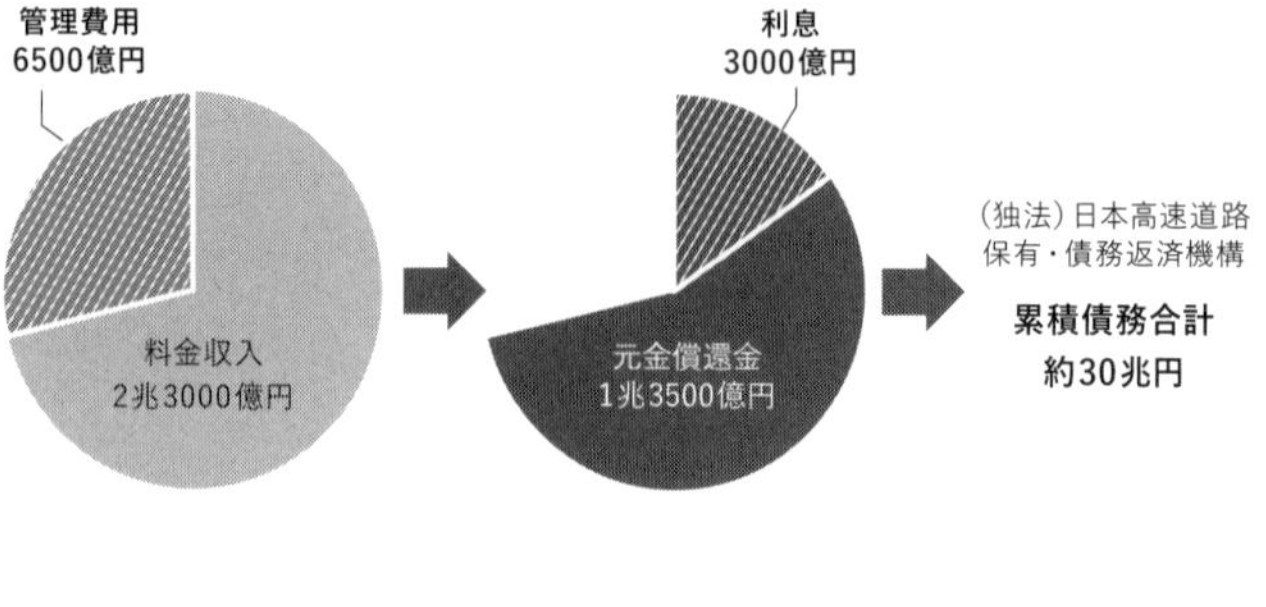

元金償還を止めて、利子だけの支払いを永遠に続けることにすれば、2012年に中央道笹子トンネルで起きたような崩落事故などを二度と起こさないように今より遥かに充実したメンテナンスを行っても、普通車で200円、大型観光バスでも800円で同一NEXCO管内なら走り放題の定額制にできるわけだ。

この通行料金なら、感覚的にはほとんど無料と変わらないだろう。イギリスやドイツ、はたまたアメリカとほぼ同等の利便性を得られる。それも、ほとんど経費がかからず、血を流すこともリスクもなく実現できる。重ねて言うが、定額制にしない理由がまったくわからない。

なお、高速道路料金の高さが問題となると、すぐに野党を中心に「無料化」が叫ばれるが、それは決して日本経済のボトルネックの改善にはつながらない。なぜなら、前述のように、現実に高速道路の維持・運営には、永久償還制を採っても年間約1兆円、そうでなければ約2兆3000億円もの費用が必要であり、その費用をどこから捻出するかという問題に直結するからだ。そして、それは距離制料金制度に固執し、変更をよしとしない官僚や政治家を結果的に利することにつながってしまう。やはり、高速道路の維持・運営費は、受益者である高速道路利用者から徴取するのが順当である。

定額制に条件や限定は無用だ

10年前に上限1000円で乗り放題をした時には、(その原因が「広過ぎる土地を要するインターチェンジ方式の出入口のために出口が少な過ぎる」という日本の高速道路の構造的欠陥にもあるとはいえ)高速道路で渋滞が起こったことは確かだ。だが、これは「上限1000円乗り放題」と謳いながら、それを土日だけに限定してしまい、需要の山と谷を作ってしまったことが原因だ。

トヨタの生産システムでは、「ピークをなくす」こと、つまり波をなくしてすべて平準化することを理想としている。なぜなら、ピーク時に合わせた生産システムは、それ以外の時には、必ず余剰を生んでいることになるからだ。

ピークをなくすということは、すべての資源を活かし切ることであり、余剰という名の無駄をなくすということにほかならない。平準化するためには、条件や制限、あるいは例外を作ってはいけない。条件や制限をつければ、それは山(ピーク)と谷を生んでしまう。実際、「上限1000円」を土日に限定した時は、土日という山が生み出されてしまったのだ。

そもそも、日本の産業構造で一番就労者が多いのは商業・サービス業であり、銀行などを除き、多くは土日こそ稼ぎ時であり、休みを取れる人は少ない。「土日だけ」という条件は無駄ばかりでなく、差別をも生む。

同時に「上限１０００円」と料金に段階をつけたために、出口で精算作業が必要となり、広大なインターチェンジを残す口実となった。インターチェンジの無駄な土地を売り払い、真っすぐに短い距離でアクセス道路につながる出口をたくさん設置できるチャンスだったのに、せっかくの機会を失った。

乗用車だけという制限をつけることもまた同様に無駄を生む。理論的な根拠のない条件や制限は一切なくし、稼働のピークを作らないことが重要なのである。

3 「売れるから販売を止める」なんて商売がどこにある？

売れ過ぎたら、作ればいい

国交省の官僚が定額制への移行に反対する理由の中で、唯一もっともらしいのが「そんなに使いやすくなったら、高速道路が混んで渋滞が慢性化しないか」というものである。「定額制に価格設定を変えれば、売れていない商品が売れる」ということは、官僚たちもわかっているらしい。

だが、この反論は根本的に間違っている。売れていない商品があり、価格設定を変えるだけで売れるとわかっていながら、売れ過ぎたら困るという会社・経営者がどこにいるだろうか。しかも、赤字には絶対にならない、売れれば売れるほど黒字が増えるとわかっているのにだ。そんな企業トップがいたら、経営者失格の烙印を押されるだろう。

売れ過ぎて在庫がなくなったとしたら、それは喜ばしいことであり、増産体制を取ればいいのだ。しかも、高速道路の場合には、増産したら急に売れなくなって増産のための投下資本が無駄になるという恐れはまったくない。なぜなら、高速道路の利用者が急にいなくなるとか、他の手段を利用するということは考えられないからだ。もともと、高速道路の代替手段は国民に与えられていない。

高速道路はキャパが大きい

そもそも、日本の高速道路は混んでなどいない。前章でも触れたように、その容量、言い換えれば最大交通量に対して、実際の交通量は少ない。定額制になってたとえ交通量が2倍になっても余裕しゃくしゃく、空いていると言っていい高速道路のほうが多い。「高速道路が混んでにっちもさっちもいかなくなるのではないか」と思ってしまうのは、高級官僚が黒塗りの車の後部シートに乗って走る高速道路が首都高しかないからだ。首都高の1日通行量は約100万台とNEXCO東日本で最も交通量の多い東北自動車道の約32万台の3倍もある、いわば特異点にある道路なのである。

しかも、日本の高速道路の中で特異点といえるほど通行量の多い首都高でさえ、その容量の限界を超える通行量であるとは到底言えない。1日100万台の通行量というと凄い通行量のように感じる。しかし、そこに数字の落とし穴がある。

以下、「概算の平均値」をもって説明することに対するご批判は覚悟の上で、「首都高の利用台数がその容量の限界を超えてはいない」といういくつかの理由を示してみる。

まずこの１００万台という数字は、上下線すべてをカウントした数字だ。首都高は最低でも上下４車線以上あるから、１車線当たりでは１日25万台となる。またこの１車線当たり25万台の通行量は、１日24時間全体での通行量だから、１時間当たりではほぼ１万台だ。そして、首都高には入口・出口はそれぞれ約２５０

© Toshiharu Arakawa/iStock

カ所あるため、1つの入口から流入する台数はわずかに1時間当たり40台しかないことを示している。

また、別の観点から見ると、首都高の総延長は327㎞あるため、1車線の1㎞当たりで考えると、1時間に通過する台数は30台余りでしかない。

高速道路が一般道路に比して圧倒的に優れている点は、交差道路がなく、信号がないために、一定の高速で走り続けられるから、通行可能量が一般道路に比べて極めて大きい点にある。たとえば、安全距離といわれる100m間隔ですべての車が時速100㎞で走った場合は、100㎞＝10万mだから、10万m÷100mで1時間当たり1000台の車が利用できる。これが、東京都内の一般道路のように平均時速10㎞以下でしか走れないとすると、1時間当たり100台しか利用できない。

ここで、普段は自分で車を運転しない高級官僚・政治家たちが「いや、一般国道でも最高制限速度60㎞じゃないか」と反論するといけないので、念のために注記するが、車の移動速度というのは瞬間最高速度で測られるものではない。信号待ちや歩行者を通すために止まっている時、そのためにブレーキを掛けている時、信号が青になって加速している時も時間は過ぎていく。結局はそうした時間も含めて「1時間でどれだけの距離を走れたか」で測られる。だから、高速道路の移動速度は大きく、交差道路を持ち信号があるほかの道路よりも遥かに通行可能量が多いのである。高速道路の利用者が増えれば、結果的に渋滞を招くどころか、周辺道路の渋滞も解消する筈だ。

また、高速道路は本来、渋滞とは無縁の道路である。なぜなら本線車道に減速すべき地点がないからだ。高速道路が渋滞を起こす理由は、基本的には2つに限られる。つまり、①高速道路自体のデザインが、渋滞を生むような合流点や急カーブ、それに長い上り勾配など、人の血管でいえば血栓を起こすような場所（専門的にはサグ部という）を作り出している場合と、②利用方法に問題がある場合だ。この点については、次項以降で詳しく説明する。

4　高速道路の価値を高める利用法

「歩車完全分離」で東京は渋滞が減る

都内はどの信号でも、横断しようとする歩行者が多くいるため、左折できる時間が極めて少ない。だから、歩行者待ちをしている車の後ろの直進車もまた直進できる時間が少ない。そのために信号を通過できる車の台数が地方に比べて極めて少なく、平均移動速度が10㎞以下と極めて低い。

結果として、一般道路の通行可能量は前述の通り1時間当たり100台以下と少なくなるため、常に渋滞が起き、それがまた移動速度を低下させ、そして道路の通行可能量を減少させるというデフレスパイラルを起こしている。都内のすべての交差点信号をスクランブル交差点化、すなわち歩車完全分離すれば、左折渋滞は起きにくくなり、都内の車の平均移動速度は向上し、結果として道路の通行可能量を増大させ、渋滞は大きく減ることになる。

首都高が混んでいる理由は「デザインが悪い」から

話が横道に入ったが、先に見たように、首都高の1時間当たりの入口流入量は40台でしかなく、本来は渋滞が起きない筈である。

もちろん、時間によっては1時間当たり100台という時もあるだろうが、首都高を走る車の平均利用距離はわずかに17㎞前後であり、その区間にある入口の数は平均14カ所。それぞれ100台流入しても1時間当たり1400台であり、時速100㎞を1400台で割ると71m。つまり71mの車間距離で走れば、時速100㎞で走れる勘定になる。しかし、現実には各所で渋滞が起きている。

これはひとえに首都高における3つのポイントでの「設計の悪さ」に原因がある。

設計の悪さ①　ジャンクションが「動脈硬化」の原因

1つ目は、ジャンクションの構成だ。たとえば渋滞の発生場所として有名な箱崎ジャンクションは、都心に向かう場合、向島線の2車線と小松川線の2車線の計4車線が2車線に合流する。その上、そのすぐ先で深川線の2車線まで合流するため、結局は6車線が2車線になってしまう。これでは、よほどそれぞれの路線ががら空きでない限り、渋滞は避けられない。首都高で渋滞が起きる場所は、ほとんどがデザイン（設計）の悪いジャンクションだ〈図表22〉。

設計の悪さ②　短距離過ぎる加速車線

2つ目は、もともと首都高の建設場所には住居・商店が建て込んでいたため、立ち退きや土地買収の必要がない江戸時代の堀や運河を利用して造られていることが関係している。こうした事情により、道路に利用できる幅が狭いので、首都高は上下4車線を取るのに精いっぱいで、新たに車線を増やす余地がほとんどない。

図表22　箱崎ジャンクションの複雑な構造

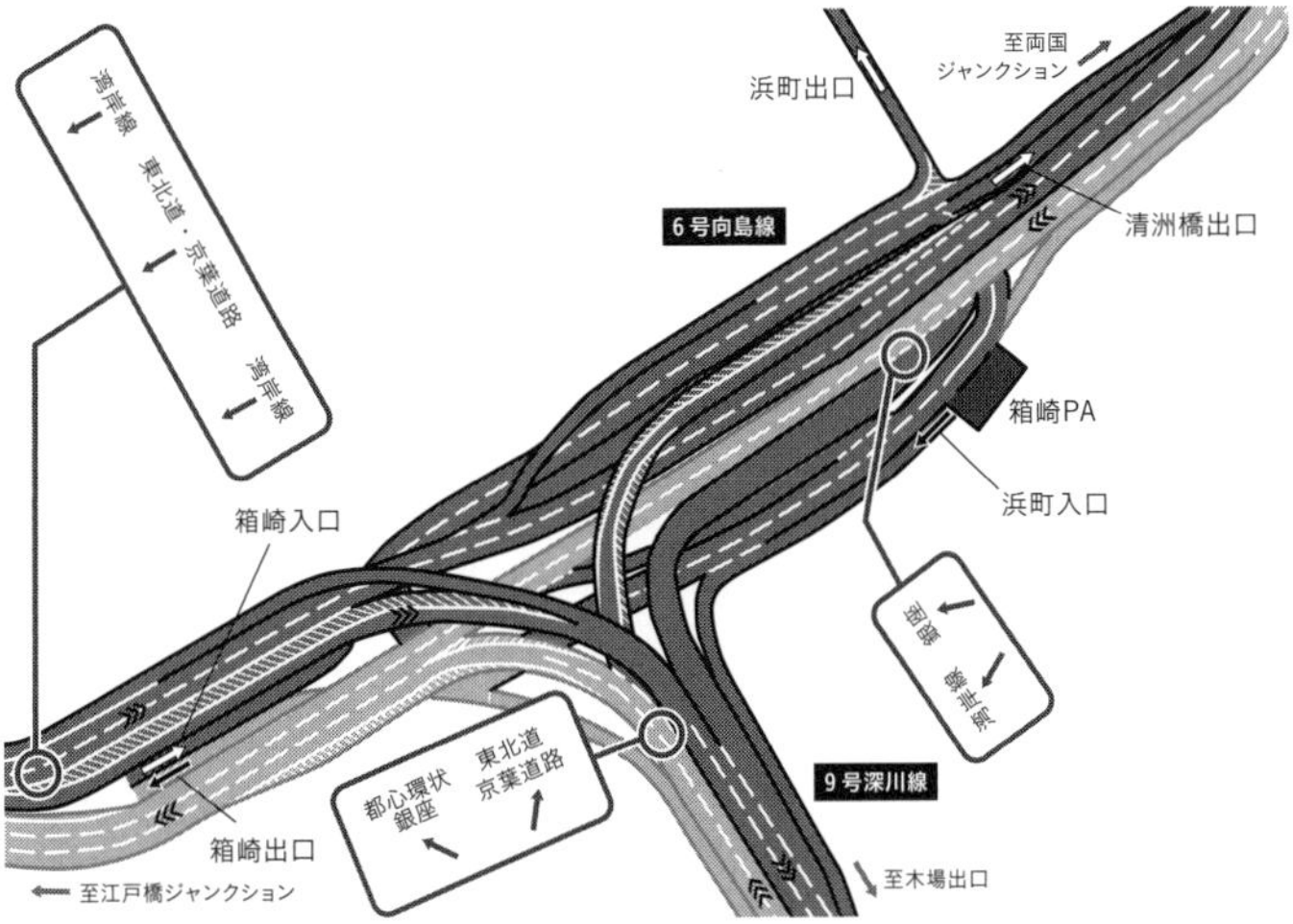

出典：首都高速道路ウェブサイトを基に筆者作成

このため入口から入ってきた車が合流するまでの加速車線を長く取ることができず、極めて短いものとなっている。

本来、高速道路の加速車線は240m以上が必要とされているが、たとえば首都高5号線下り東池袋ランプの合流部では、加速車線はわずかに40mほどしかない。40mでは、たとえフェラーリをもってしても時速60㎞に到達するのが精いっぱいだ。したがって、合流車両を走行車線に入れるために、本線を走っている走行車両はいったん時速50㎞以下に減速しなければならなくなる〈図表23〉。

前述のように、走行速度が遅くなければ、道路の通行可能量は少なくなるため、

図表 23　首都高 5 号線下り東池袋ランプの合流部

Ⓒ Digital Earth Technology / The Geo Information Group

本来なら起きない筈の渋滞が起きてしまう。そして、ますます通行可能量は減り、渋滞の原因をまた作り出すのだ。

設計の悪さ③　急カーブが渋滞を招く

３つ目は、カーブである。時速１００㎞で走る場合、カーブの半径は４６０ｍ以上が最小値とされ、時速１２０㎞では半径が７１０ｍ以上とされている。

東名高速道路で最もきつい（半径の小さな）カーブは、箱根の北に位置する鮎沢パーキングエリア付近の半径３００ｍであり、ここはやはり事故が多い場所として知られている。さらに半径２００ｍを下回るカーブでは、事故が起きる確率が2・6倍も高くなることが知られている。しかし、首都高をはじめとする6つの都市高速道路には、半径２００ｍ以下のカーブが４７０カ所もある。そして、そのうちの過半数が首都高にあるのだ。

たとえば、４号新宿線の参宮橋カーブは半径が88ｍしかない。これは鈴鹿サーキットで最も恐れられ、「魔のカーブ」とも呼ばれる１３０Ｒよりも遥かに急なカーブだ。実際、この参宮橋カーブは毎年、首都高で最も事故が起きる地点として知られている。事故が起きやすいということは、通過する車はそれだけ慎重に速度を落とさざるを得ない。１台の車がブレーキを掛ければ、車間距離が40m以下の場合にはブレーキの連鎖により渋滞を引き起こすことが知られている。結果的に、通行可能量はやはり極端に小さくなる。

利用法を変えれば首都高は渋滞しない

国交省の官僚は、この欠陥だらけの首都高を造っておきながら、「首都高がさらに混むから定額制はダメだ」と言う。そもそも本書で提案する定額制は、NEXCO3社それぞれの区間に限定した話だが、ここで、首都高を高速道路らしく、通行可能量の大きな道路にする、お金のかからない方法を提案しておく。

それは、「首都高のうち、都心環状線と中央環状線を通過道路とすること」だ。つまり、この2つの環状線内では、降りることはできても入ることができなくするわけだ。

そうすれば、通行台数自体が減る上に、ランプからの合流渋滞はなくなり、移動速度が速くなり、通行可能量は飛躍的に増える。シミュレーションをしてみればわかるが、千葉から東京・神奈川へ、神奈川以西から東京・千葉へ行く通行車両が今より2倍以上に増えても、十分に対応でき、大消費地である東京へ物資を運ぶトラック輸送には何らの不都合も与えない。都心環状線内の車が神奈川以西に向かう場合には初台か池尻、千葉に向かう場合には小松川か葛西まで一般道を走ることになるが、もともと現在の首都高の移動速度は低く、さして不便は生じないと考えられる。

もし、国交省がこの話に「首都高を一方通行にすると、車が一般道に向かって、一般道路の渋滞が起きる」などと異を唱えるのなら、コンピューター上でシミュレーションを行うべきだ。もともと、国民の財産である道路の最も効率的な使い方を考えるために国交省があるのだから、このようなシミュレーションは何十年も前から行っていて当然だし、今のコンピューターなら、瞬時に定額制を導入した場合の最も適切な首都高の利用方法を弾き出せる筈だ。

そう、定額制を頭から否定せず、「国民の利益につながる定額制をどう実現するのか」を考えるべきだと思うが、どうだろう。

価値を発揮できていない地方の高速道路

最も通行量の多い高速道路ということで、首都高の話が長くなったが、国交省の官僚が心配するほどには日本の高速道路は混んではいない。

都市高速道路を除いたNEXCO３社の運営する高速道路の中で、最も交通量の多い高速道路は、東京への通勤あるいは営業のために埼玉・群馬・茨城と東京間の利用が多い東北自動車道だが、それでも１日当たりの通行台数は約30万台に過ぎない。

「１日約30万台の通行台数」と聞くと、30万台という大きな数字に驚いて、朝から晩までびっしりと車で埋まっているように感じられる。だが、本当に東北自動車道は、朝から晩まで、これ以上に利用者が増えたらパンクするほど車で埋まっているのだろうか。

現実には、限界まで使われているというのには程遠い。そこには数字の取り方のマジックがある。たとえば首都高の通行台数の１日当たり約１００万台と比較すると、東北自動車道の１日30万台の通行台数は３分の１でしかない。しかも、全長６８０㎞の東北自動車道に対し、首都高の総延長は約３２７㎞と半分しかないのだから、１㎞当たりの車の台数で比較すれば、６分の１に過ぎない。仮に首都高の１日１００万台という通行台数が利用の限界を示しているとしても、１日30万台という数字は、１万人を収容できる公会堂の利用にたとえれば、１７００人程度の入場者数ということになる。これで、国民の大切な社会資本が十分に活用されているといえるだろうか。

さらにいえば、首都高で渋滞が頻発し、限界まで利用されている状況にあるように見えるのは、ブレーキの連鎖によって渋滞を起こしやすい、前述の「サグ部」と、流入・流出渋滞の元凶となるジャンクションが多すぎるためだ。しかも東北自動車道は、最も交通量の多い区間は片道3車線化が終わっており、もし首都高が東北自動車道のように真っすぐな道であったら、1日100万台でもほとんど渋滞は起きず、限界はもっと多い台数になる筈である。それらを考えれば、30万台という通行台数は「わずか」と言っていい数字であるとわかるだろう。

最も通行量が多い東北自動車道でこれだから、1日に7000台しか通行しない長野自動車道などは、昼間でも見渡す限り車が1台も走っていないということも珍しくない。これは国民の財産が有効に使われていないわけで、走りやすいと喜んでいる状況ではない。国民はこんな道路を見たら「もっと利用者を増やすように料金などを改定しろ」と怒るべきなのだ。それなのに、収入を減らすどころか増やしながら高速道路の利用価値を一気に引き上げ得る定額制料金制度を採用せず、「高速道路はガラガラでいい」と言うのは、どういう神経なのだろう。

高速道路の通行可能量に余裕があるということは、一般企業に置き換えれば、在庫だけでなく工場の生産力自体に余力がある、つまり過剰投資をしてしまっているということだ。せっかく工場に整備した高価な機械が稼働しないでいる状態である。その状況を見て、今よりも製品を売りたくないという会社があるだろうか。そんなことを言う社長がいるだろうか。普通の会社なら、すぐに取り掛かるのは価格の改定だろう。「投下資本は最大限に稼働させる」というのが資本主義経済下の原則だ。

しかも、高速道路は全国に住む国民の財産であり、最大限に有効活用されるべきものだ。その活用方法の決定権は全国の国民にあり、決して政治家や霞が関の官僚にあるのではない。「国土交通大臣の認可を得た」と言っても、それが決して正しい対応であることの証明になるわけでもない。

5 定額制料金制度が渋滞を解消させる

高速道路の渋滞原因は料金所の存在

定額制料金制度は、高速道路の混雑解消にも大きく寄与する。先に週末だけの上限1000円乗り放題を実施した時には、①もともと限定・一過性であったこと、②上限を決めただけで1000円まではこれまで通り距離制の料金を徴収したこと、という2つの理由で、高速道路自体の利便性向上には何ら手をつけず、料金所を定額制料金制度に見合ったものに変えなかった。そのため、通行量が20％増えた分、渋滞も少しは発生した。

しかし本来、定額制料金制度は渋滞の解消につなげることができるのだ。

なぜなら、高速道路が渋滞する一番の理由は、事故や工事による車線規制という止むを得ない事態を除けば、「料金所の存在」にあるからだ。

そもそも一定の速度で走り続けられる筈の高速道路が渋滞するのは、「過剰に車が集中した時」だけである。そして、事故や工事による渋滞を除けば、高速道路での渋滞の唯一といっていい原因は、「合流」によるものである。

さらにその合流による渋滞の原因のほとんどは、少な過ぎる出入口が引き起こしている。繰り返すように、1台ごとに通行料金が違う距離制料金制度を採ったために、出入口を1カ所にまとめる必要があり、そのために広大な土地を要している。そのことが「多くの車が出入りし、それだけ多くの出入口が必要な都市部ほど出入口が少ない」という矛盾を生んできた。日本の高速道路の渋滞は、その少ない数の出入口に車が殺到するための渋滞がほとんどだ。

少ない出入口のために、入口からの合流渋滞だけなく、出口渋滞も日常的に起きている。出口に向かう車は当然スピードを落とす。出口に向かう車が多ければ、それがブレーキの連鎖を呼び、やがて完全停止という渋滞を招く。そしてその渋滞を避けようと走行車線の車が追い越し車線になだれ込み、追い越し車線まで完全に止まるという状態にまで達する。さらにその渋滞に手前のジャンクションから合流車が加われば、10㎞を超えるような長大な渋滞となってしまうのだ。

実際、東名・名神という日本で一番重要な高速道路で、最も渋滞が発生している場所は、上り車線の横浜町田ＩＣと一宮ＩＣである。このことは、「渋滞はサグ部で起きる」としている国交省も認めている。どちらも高速道路を降りる車の渋滞がランプウェイを超えて本線の走行車線につながり、最終的には追い越し車線にまで渋滞を引き起こしている。

その上、横浜町田ＩＣでは渋滞している出口の手前に首都圏中央連絡自動車道との海老名ジャンクションがあり、一宮ＩＣでは東海北陸自動車道との一宮ジャンクションがある。図表24に示すように、出口で降りようとする車が引き起こしている渋滞に、ジャンクションから流入してきた車が突っ込む形になり、渋滞はジ

図表 24　出口渋滞に合流車が加わり長大な渋滞に

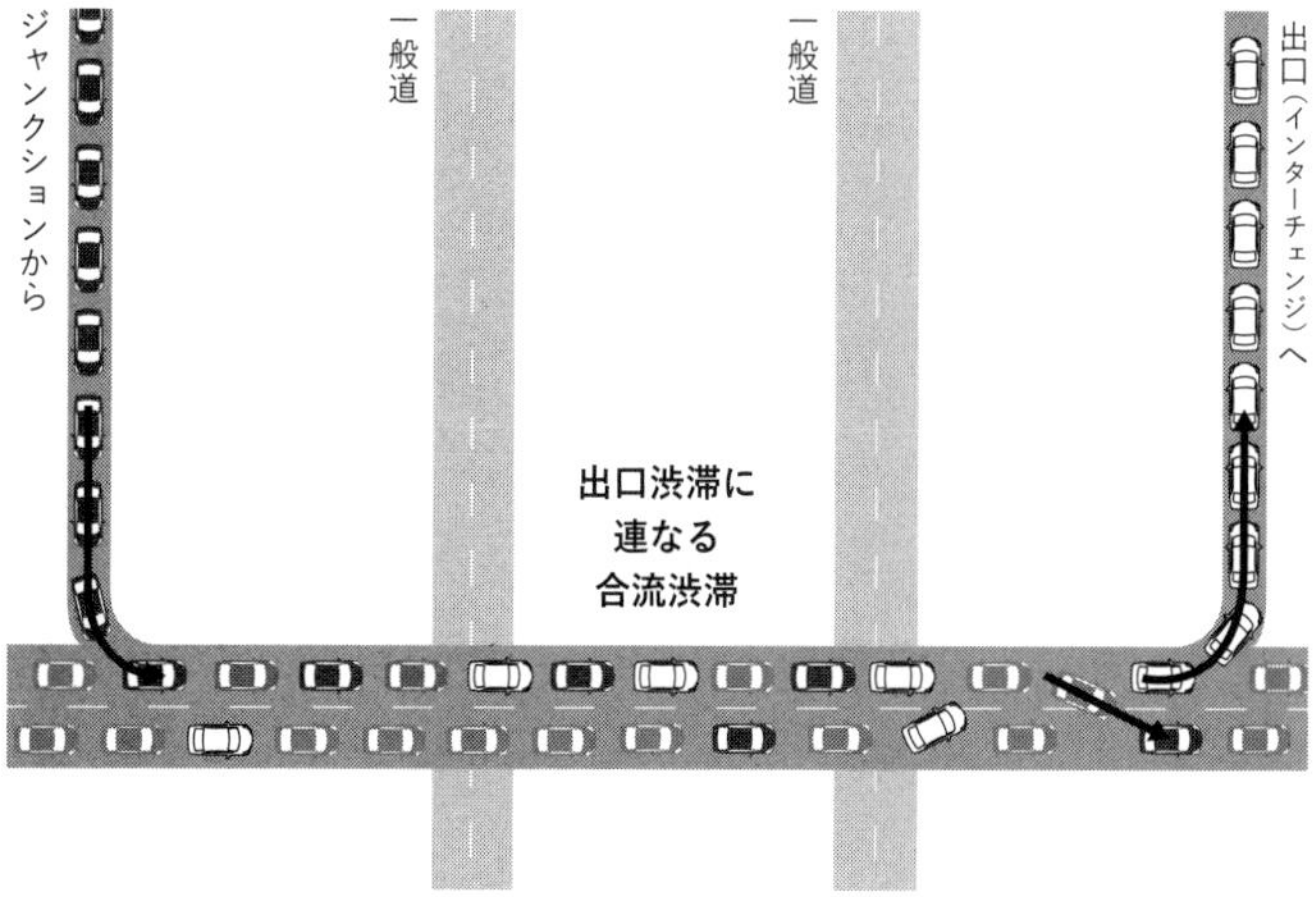

ャンクションの遥か手前まで、本線車道および流入する自動車道の双方において長く伸びる。これが、本来ならノンストップで走れて、渋滞が起きない筈の高速道路が渋滞する一番の理由である。

定額化によって出入口が簡単に作れれば、渋滞は解消する

ところが、定額制料金制度の下では、ETC利用車だけでなく、一般利用車も入口ですでに定額料金を支払っているため、出口で通行料金を支払う必要はない。つまり、止まる必要がないから、渋滞の第一の原因である料金所渋滞が起きない。

その上、高速道路を降りる際に料金所を作る必要がないため、出口と入口を統合した、広大な土地を必要とするインターチェンジ自体の必要がない。だから、一般道路につながる出口をどこにでも格安で作ることができる。

要するに、海老名ジャンクションから横浜町田IC間の4・2㎞の間にさらに降り口を造ることができるため、横浜町田ICだけに車が集中することもなく、渋滞も発生しづらくなる。この出口渋滞がなくなれば、海老名ジャンクションからの合流もスムーズに行うことができ、

ここでの渋滞も起きない。一宮ジャンクションから一宮IC間の渋滞についてもまったく同様に解決できる。

さらにこのことは、高速道路の利便性を一気に向上させる。現在のように平均10㎞に1カ所しか出口がないという不便な状態から、利用者が最も望む地点に降り口を簡単に整備できるからだ。

高速道路が通っていれば、横浜のど真ん中でも、名古屋のど真ん中でも、都市高速道路と同様に簡単に降りることも可能になる。

そのため、都市や観光地という目的地を遥かに通り越してからインターチェンジで降りて、一般道路をまた戻って目的

図表25　出口を適切に設置できると渋滞も解消される

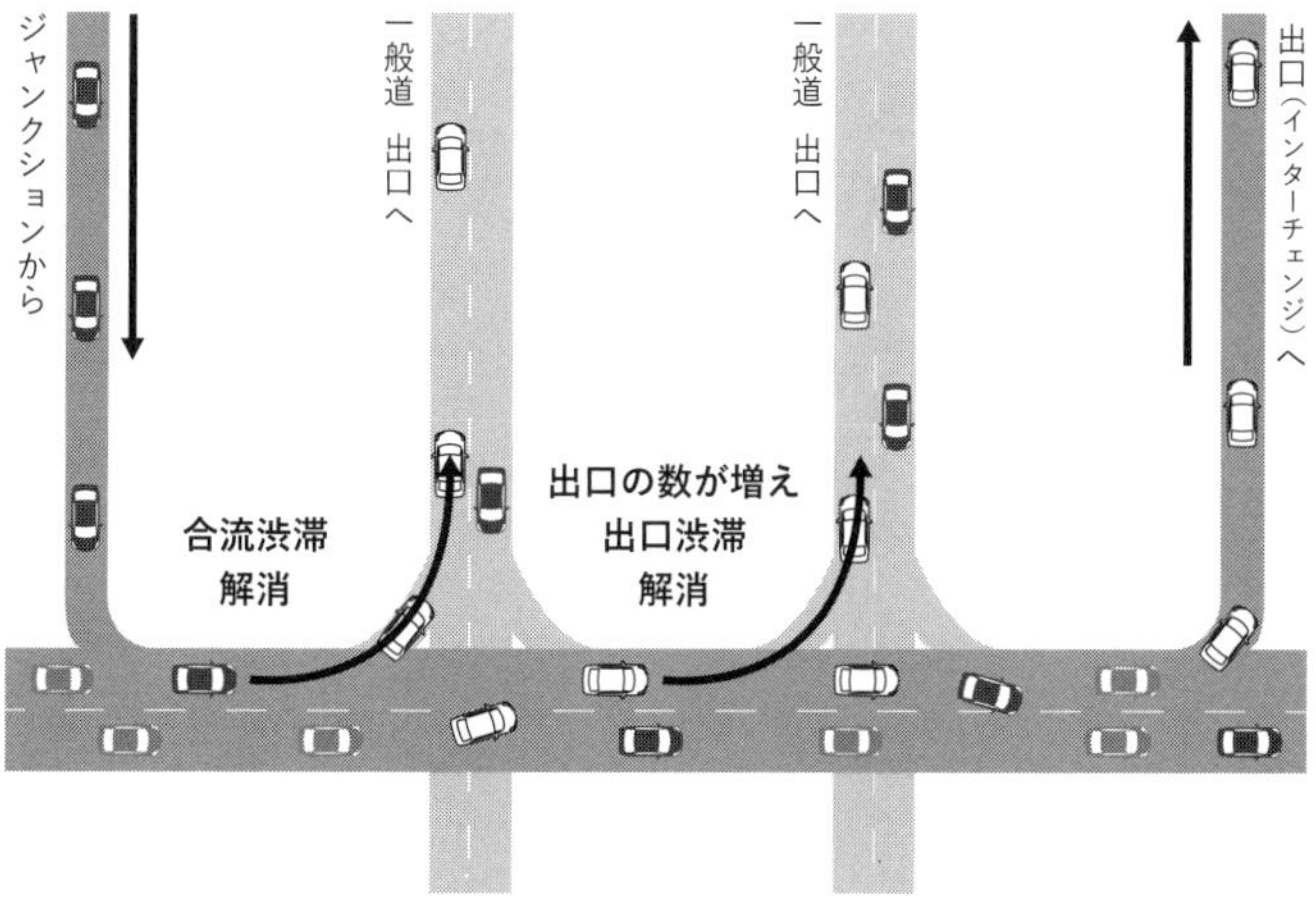

地に向かうという無駄な往復も最低限で済む。その分だけ、高速道路近辺の一般道路の渋滞緩和にもつながるのである。

第4章

定額制料金制度は経済と地域活性化の切り札になる

第4章の要点

◎定額化で地方は輝きを取り戻す

◎経済活性化にはインバウンドより国内旅行の活性化

◎定額化が物流コストを下げる

◎物流コストを下げると地方が元気になる

◎高速道路の定額化で地方の「費・職・住」が充実する

◎高速道路本来の機能を発揮させるのは定額化しかない

◎定額化で環境が改善され、経済効率はよくなり、交通事故死亡者も減る

◎定額化が過疎化に歯止めをかける

◎「GoTo」よりも高速道路料金の定額化

1 定額制料金制度が地方を光らせる

すぐにそして大きく向上するのが国内旅行だ

定額制料金制度にすることで、距離制料金制度の欠陥がすべて解消できる。そして、それだけでなく大きなオマケ効果がドンとくる。一体どんな効果があるのか、一つひとつ見ていこう。

先にも述べた通り、日本人の国内旅行消費額は、先進各国に比して圧倒的に低い。イギリス人の1人当たり年間国内旅行消費額は約43・4万円、ドイツ人は約47・7万円であるのに対して、日本人はわずか16・2万円と、ほぼ3分の1でしかない。

日本人が国内旅行をしない原因を、「日本人が働き過ぎで休みがないこと」に求める人が多いと思うが、第1章でも論じたように、そんなことはまったくない。日本人の休みはイギリス人やドイツ人の3分の1しかないわけでもない。アメリカ人の年間平均労働時間は1783時間と、日本人より70時間長いが、それでも1人当たり年間国内旅行消費額は29・6万円と、日本人の倍近い額を国内旅行で消費している。しかも、アメリカの統計の大多数を占めるのはヒスパニックなどＷＡＳＰ（ホワイト・アングロサクソン・プロテスタント）ではない人々だ。決して、収入が日本人の2倍も多いわけではない。

実際、アメリカ人は、休日というと実によく車に乗って遠出をする。ロサンゼルスからラスベガスまでは４３５km、サンフランシスコまでは６１５kmもあるが、世界で最初に発達した格安航空会社（ＬＣＣ）を旅行で使う人は実に少ない。ほとんどの人が家族を乗せてフリーウェイを車で走り抜く。そのほうが遥かに安く、また楽しいからだ。

なぜなら、飛行機は途中にどんなに風光明媚な場所があっても、どれほど素敵な観光施設があっても立ち寄れない。しかし、車なら車窓にちょっと素敵だと思える景色が映ったら、すぐに立ち寄れるし、目的地を越えて足を延ばすことも簡単だ。ロサンゼルスからサンフランシスコに向かう家族連れは、高速道路から時々離れて「パシフィック・コースト・ハイウェイ」と呼ばれるカリフォルニア州道1号線を北上しながら海岸線のダイナミックな景色を楽しみ、途中にあるモントレー、サンタバーバラ、ソルバングといった地方都市の独特の文化・街並みを楽しむ。それを可能にしているのが、走り放題の高速道路だ。この点からも高速道路料金の定額化は地方を活性化する。

国内旅行の主役は乗用車

次ページ図表26は、日本の国内宿泊旅行における利用交通機関の割合を示したものだが、２００９年・２０１０年に自家用車の利用割合が大きく増えている。その理由は、土日に高速道路の１０００円乗り放題を行ったこと以外に求められない。そして、その増加分は、ほかの利用交通機関の利用を減らした上での数字ではなく、国内旅行消費額の純増をもたらしている。

加えて言えば、２０１１年以降に観光（貸し切り）バスの利用が大きく減っているのは、東日本大震災の影響と、２０１２年に高速道路利用を避けて一般国道を使ったツアーバスが起こした事故を受け、「５００㎞以上のツアーについて、運転手を2人とすること」が法で求められたためだ。これも定額制料金制度の実施によって、大きく挽回するものと考えられる。

車で東京を出て、熊本・阿蘇のカルデラを周回しようとしたら、現在の距離制料金制度では、5万円以上の高速道路料金が、世界一高いガソリン代に加えて必要になる。これが、本書で提案する同一NEXCO管内定額制を採用すれば、普通車なら往復でわずか１６００円で済む。この差が日本人の旅行意欲を削いでいると考えられる。

図表 26　国内宿泊旅行における利用交通機関の割合

（単位%）

	2008	2009	2010	2011	2012	2013	2014	2015	2016	2017	2018	2019
自家用車	50.0	54.9	54.3	48.3	47.1	46.8	45.8	46.7	45.5	45.8	42.3	44.7
レンタカー	5.5	5.7	5.1	5.2	5.3	5.6	6.0	6.9	6.6	6.6	7.0	10.0
自動車小計	55.5	60.6	59.4	53.5	52.4	52.4	51.8	53.6	52.1	52.4	49.3	54.7
JR	22.1	21.1	22.7	29.0	30.2	30.6	31.3	31.3	31.3	32.5	33.1	39.1
私鉄	10.9	9.8	9.9	9.7	10.2	10.9	10.2	10.5	10.6	12.7	12.0	16.6
鉄道小計	33.0	30.9	32.6	38.7	40.4	41.5	41.5	41.8	41.9	45.2	45.1	55.7
飛行機	11.6	10.2	10.3	12.2	13.0	12.7	13.6	14.3	13.3	13.5	16.5	16.0
貸し切りバス	20.6	17.4	16.3	11.4	10.9	9.9	9.5	7.9	8.7	8.6	7.8	7.9
路線バス	8.3	7.5	6.6	7.8	8.6	7.9	8.1	8.0	8.2	9.2	9.0	12.7
タクシー	5.1	3.5	3.2	3.1	3.2	2.7	2.7	2.8	2.6	2.9	3.4	5.4
船舶	3.5	2.6	3.1	1.8	2.0	2.3	2.0	2.0	2.1	2.1	2.1	2.6
その他	2.4	1.8	1.7	1.5	1.7	1.9	1.5	1.7	1.8	2.1	1.8	1.5
国内旅行消費額（兆円）	28.1	25.5	20.4	19.7	19.4	20.2	18.4	20.4	21.0	21.1	20.5	21.9

出典：日本観光振興協会「観光の実態と志向 第 39 回（令和 2 年度版）」

別に休日を増やさなくても、労働時間を減少させなくても、高速道路を欧米並みの定額制にしただけで、日本人は旅行をするようになる。そのことを図表26は正直に表している。

それに、各国の国内旅行消費額は仕事を持っている人だけを対象としていない。全国民を対象とした調査だ。日本には労働から解放され、そして健康で活発な高齢者がイギリスやドイツよりも遥かに多くいる。日本の高齢化率は28・4％、ドイツは21・7％、イギリスが18・7％、そしてアメリカは16・6％である。この大きな高齢者人口の多くの人は健康で、生活に余裕もあり、旅行を楽しめる人々だ。定額制料金制度の採用で、この人々が旅行に出るハードルを圧倒的に低くすることができる。

距離制料金制度を定額制料金制度にする。たったそれだけのことで、日本人に旅行という喜びをもっと提供できる。こんなにも簡単に国民を元気にできる政策がほかにあるだろうか。

観光は「邦《くに》の光を観る」という意味だ。日本の地方には、いや首都圏以上に地方にこそ、光る観光資源は多い。日本の世界遺産は25（世界第11位で、イギリスは33、ドイツ51、アメリカ24）と決して国際的に少ないほうではない。そのうち東京の都市部にある世界遺産は、ル・コルビュジエが設計した国立西洋美術館ただ1つしかない（東京都ということでは小笠原諸島も選ばれている）。その他の世界遺産はすべて地方にあり、同時に鉄道では行きにくく、交通の便が悪い場所が多い。そう、高速道路を使った自動車旅行が最も適しているのだ。

首都圏では充実している鉄道網も、地方では中心部にしかなく、観光の主体は車だ。中心的な観光地のホテル・旅館を拠点に周辺に散在する観光地を周遊するのには車が一番だとなる。比較的、観光施設が集中している世界遺産の奈良にしても、東大寺や興福寺は駅から歩けても、唐招提寺や薬師寺、そして法隆寺を見て回るには車が必要になってくる。まして、その旅行の途中にある観光地に立ち寄るには車が必要だ。この車での観光を阻害しているのが、本来その目的を持って造られた高速道路の距離制料金制度なのである。

前述したように観光産業の経済波及効果は約2倍と高い。高速道路料金の定額化によって、日本の1人当たり国内観光消費額がドイツ並みにまでならなくとも、ドイツの約半分に過ぎないアメリカ並みになったとしたら、観光消費額は20・5兆円から37・5兆円へと増加し、その経済波及効果は40兆円から75兆円にもなる。この増加額35兆円という数字はGDP約536兆円の6・5%にも上る。定額制料金制度にしただけで6・5%もの経済成長が見込めるのである。

この莫大な金額の多くは観光地を持つ地方に落ちる。地方を活性化するのだ。「邦の光を観る」観光が活発化することは、単に観光産業や周辺の土産物産業を振興するのに留まらない。地方にとって最大の課題である人口減少の歯止め、ひいては増大にも大きく貢献する。

来訪者が増えれば定住者も増える

今、首都圏を除くすべての地方は、人口減少に歯止めをかけようと、Uターン施策はもちろんのこと、Jターン（故郷の自治体ではなく故郷の近くの地方都市への移住）、Iターン（故郷ではない地方への移住）を促すべく、あらゆる手段を躍起になって考え、必死になって実行している。だが、その成果が上がっているかといえば、蟻地獄に落ちた蟻のあがきにも似て、まったくといっていいほどに成果につながっていない。

一番の理由は、「そもそもターゲットである首都圏の人がその土地を訪れたことがない」という点にある。移住するというのは、大変な決意と努力を要する。その地によほど惚れ込まないとできることではない。そもそも訪れたことがない地にそれほど惚れ込んでもらうことなど叶う筈もない。逆にいえば、高速道路の定額化によって人々が地方を知る機会が増えれば増えるほど、移住しようという人の分母が増え、地方の移住・定住に向けた努力が報われるようになる。また定額化すれば、地方から大都市圏への移動経費が大幅に下がるため、移住において最も高いハードルとなっている大都市圏の文化・消費、そして仕事とのアクセスの悪さが解消されるのである。高速道路の定額化は、地方への移住を間違いなく促進する。それは次に述べる物流革命と相まって地方の活性化を大きく前進させる。

また、先に述べたように、高速道路の定額化は大量かつ遠距離の物流コストを大幅に低減させる。これで、地方の企業誘致におけるハードルのひとつが大きく下がる。企業が進出すれば就職先が増える。勤め先があれば、都会の人も安心して移住できるようになるだろう。

2 定額化で物流が変わる、地方が変わる

明治維新を成功させた家康の政策

明治維新が成功し、日本が一丸となって欧米先進国に対抗することができ、ほかのアジア諸国と違って独立を保つことができた一番の理由は、意外にも、「江戸幕府が五街道を整備し、海運の航路を確保し、そしてそれらを無料で開放してきたから」である。

記録が残る1705年（宝永2年）のお陰参りでは、4月9日から5月29日までの50日間だけで、伊勢神宮の参拝者は362万人に及んだという。当時の日本の総人口は3000万人ほどなので、実に9人に1人が伊勢神宮に向かったことになる。これができたのも、東海道という当時の高速道路が無料だったからだ。

また、北海道・東北から北陸を通って大阪、そして江戸へとさまざまな物資を運んだ北前船／西回り廻船が通る航路は、まさに江戸時代の高速道路だったが、ここを通る船に対して江戸

幕府は料金を徴収しなかった。だからこそ、江戸は繁栄したし、そして大消費地・江戸へ物資を運んだ地方もまた繁栄した。何より五街道と海運により、日本はひとつの文化圏たり得た。もし、江戸幕府が五街道を整備していなかったら、また、整備しても通行料を徴収していたら、明治維新によっても日本はひとつの国になれていなかっただろう。

「すべての道はローマに通ず」という言葉がある。これは、道路が通っているところはすべてローマの文化を享受し、ひとつの文化圏を形成し、それでいてそれぞれの地域が活発な活動をし、独自の文化を築き、その活動の成果である文物がローマに集まったことを意味する。その道を通るのに1日分の収入ほども通行料を取られていたら、誰も道を利用せず、結局はローマに通じなかっただろうことは想像に難くない。

県境を越えられない物流

今、トラック輸送は日本の物流の96％を担っているが、そのほとんどは、日本を47に分けている県境を跨《また》いでいない。2018年12月21日に国交省主催で開かれた「第1回 新しい物流システムに対応した高速道路インフラの活用に関する検討会」で提示された資料によると、日本の物流の1日当たりのトリップ数、つまりトラックの発着回数は、3763万トリップに及んでいるが、そのうち県境を越えて物資を運んでいるのは221万トリップと、わずか6％以下に過ぎない（国交省では「6％もある」と言っているが、6％を多いとする人はほとんどいないだろう）。経済ブロックを超えたブロック間輸送は45万トリップと、たった1％強である。物流の視点から見ると、日本はまるで江戸時代の幕藩体制以上に、都道府県間の垣根は高いと言わざるを得ない。

同じ資料によると、東名・名神高速道路の総延長829㎞は、日本の自動車専用国道も含めた高規格幹線道路の総延長1万1068㎞の約7％に過ぎないが、同区間におけるトラック貨物輸送量は、1日当たり8500万トン㎞（1トンの貨物を1㎞運ぶのを基本として計算）と、日本のトラックによる貨物輸送1日当たり1万7700万トン㎞の実に48％にも及ぶ。

これは、中京工業地帯、京阪神工業地帯と京浜工業地帯が圧倒的な生産量を誇っていることによる。そして、往復6万40円の高速道路料金を支払ってもペイするだけの高価な電子機器や機械などを生産しているのが、ほとんどこれらの地域だけであることを示している。ちなみに日本の製造品出荷額317兆円（2019年度工業統計）のうち169兆円をこの3地域だけで製造している。

つまり、高速道路のうちで、「地域と地域を結ぶ」という高速道路本来の機能を果たしているのは東名・名神高速道路だけ、と言うことができる。東北自動車道も、中国自動車道も、地域と地域を結んで、行き来を活発にするという役割を果たせないでいる。それはひとえに遠くへ行こうとすればするほど高くなる距離制料金制度の弊害だ。

定額制が物流コストを下げ、企業の地方立地を促進する

これが、高速道路の定額化によって、10トントラックで東京―青森間の往復8万3960円の高速道路料金が5000円に、さらにこれまでの借金の償還を止めて利子だけの返済に変えれば1600円へと激減する。この高速道路通行料金の削減額は、運転手1人の1日の給与の2倍以上だ。これだけの経費が削減できれば、物流が活発化することは言を俟たないだろう。そして、その分、物価は下がり、国民は今よりも安く全国のものを手にすることができる。

それだけではない、これまで3工業地帯に集中していた製造業が、たとえば青森へ、鹿児島へと分散化することは間違いない。日本の製造業の半数以上が集中する3工業地帯だけが発達

し、その他の地域に発達しなかった理由の一番大きなものが「人流・物流コスト」だからだ。実際、これら3工業地帯以外の地域の自治体担当者が、企業誘致をしようと大手企業を訪れても、どこにどんな工業団地がいくらで売りに出されているかなど、具体的な話はなかなか聞いてもらえない。地図を広げる前に丁重に退出を求められるか、あるいは面談にまで持ち込めず、電話で断られることがほとんどだ。その理由を突っ込んで聞けば、「部品の調達費用が高くなる」という理由が返ってくる。

それは、東日本大震災を経験し、全国の企業が危機管理に目覚め、多角的な部材・部品調達、生産拠点の分散化に真剣に取り組み出した今も変わらない。分散化といっても、中京圏や近畿圏、関東圏内の地震や津波に比較的強い地域へ分散させるだけで、東北や九州などへ移転しようという動きはまだまだ鈍い。

実際、次ページ図表27に示した２０１９年度の都道府県別工場立地状況（経産省発表資料）を見ても、工場立地件数の上位10都道府県は、7位の新潟県を除いてすべて近畿・中部・関東圏の都道府県である。また１７７ページ図表28のように、工場立地面積ではその新潟県も15位に下がり、上位10都道府県すべてが3地域の都道府県で占められてしまっている。

図表 27　都道府県別工場立地件数（2019 年）

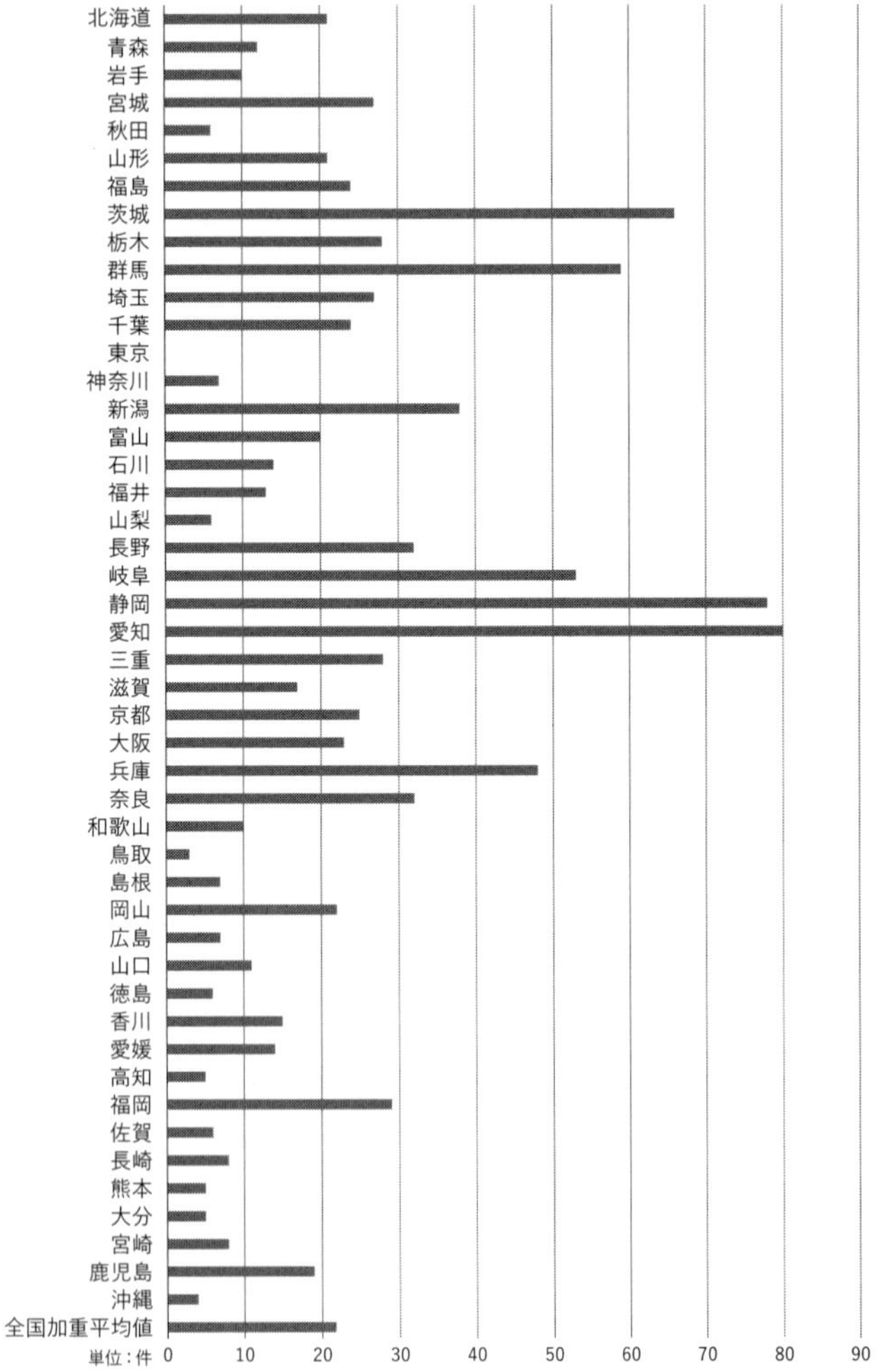

出典：2020 年度経済産業省統計を基に著者作成

図表 28　都道府県別工場立地面積（2019 年）

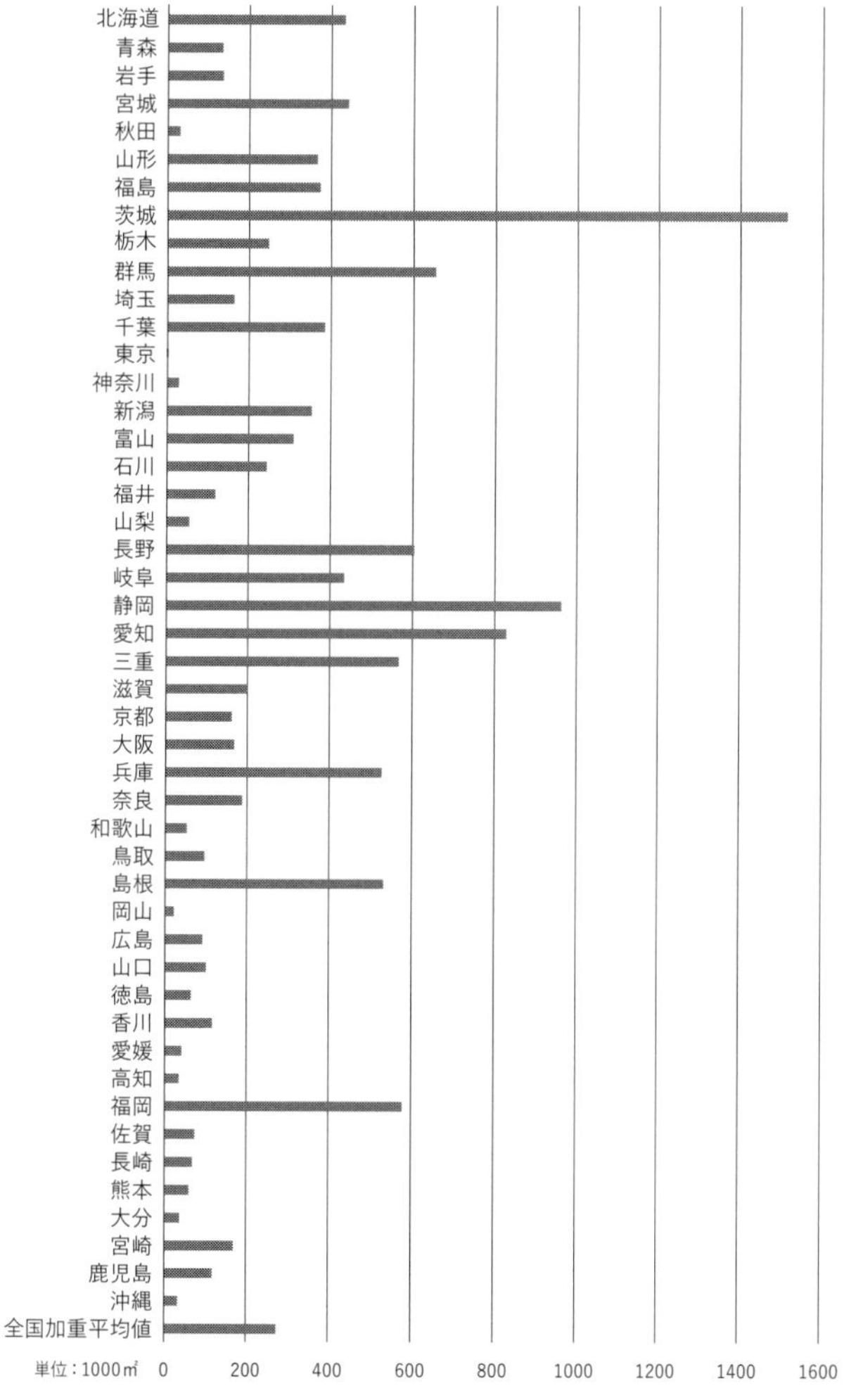

出典：2020 年度経済産業省統計を基に著者作成

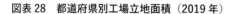

日本の製造業の危機管理能力の向上を阻み、地方の経済発展を妨げているのも高速道路の距離制料金制度だといえる。それを打開する唯一の手段が定額化なのだ。

街の基本は「費・職・住」

人が生きていくのに必要なものは「衣食住」と言われるが、街・都市が存続していくのに欠かせない要素は「費職住」である。費は消費ができるか、職は職業、つまり就職先が得られるか、そして住環境が整っているかである。これらは街・都市が存続していくには必要欠くべからざる要素であり、これらのひとつが欠落したら、存続は望めない。一瞬だけ繁栄したベッドタウンの多くが、今は過疎と化しているのも、ベッドタウンの多くが消費できる商店街を持たず、また就職先も持たなかったためである。地域の発展には、どうしても「費職住」の均衡の取れた充実が必要だ。

この3要素のうち、とりわけ地方にとって確保しにくいのが「職」=就職先である。商業やサービス業などモノを作らない第3次産業がGDPの8割を占めるといっても、その第3次産業を支えているは第2次産業である製造業だ。なぜなら、第2次産業はほかの産業と独立して存在しうるからだ。

第3次産業は人がいなくては成り立たない。人のいない地域に第3次産業だけが進出し、集積することはありえない。なぜなら、客をほかの土地からいきなり連れてくることは不可能だからだ。しかし、第2次産業は、適切な用地さえあれば立地しうる。工場で働く人もほかの土地から連れてくることは可能だ。そう、社員の異動だ。実際、そのような移転例は多い。

製造業が進出すれば、工場に働く人がその周辺に住む。そして、その人たちを当て込んで商店が集まってくる。やがて、街ができてくる。過疎から脱却し、また過疎化を逃れる一番手っ取り早い手段は、工場に立地してもらい、その地域の「費職住」を充実させることだ。だが、先に述べたように、高速道路の距離制料金がその工場立地を阻んできたのが、日本の地方の実情だ。

高速道路の定額化は、遠距離走行の高速道路料金を飛躍的に下げるだけでなく、前に述べたように広大な土地を要することなく、安価に出口を作ることができる。広大なインターチェンジの周辺だけでなく、高速道路の沿線ならばどこでも交通至便な工業団地の適地にすることができる。インターチェンジという出入口一体型の広大な施設を作れない山間過疎地であっても同様である。

出口があれば、観光客誘致が容易になるだけでなく、製造業を誘致することも可能になる。日本の過疎地域に多い、平坦な土地の少ない山間部の地域にとっては、この「出入口を簡単に設置できる」という定額制がもたらす副次的な効果は、物流コストの低減よりも大きな活性化効果を持っているかもしれない。

東北から農産物を運ぶより中国から輸入したほうが安い

日本は東証一部上場企業2174社（2021年9月末時点）のうち、東京に本社を置く企業は1196社と、55％の大企業が東京に集まっている。さらにそのうち1073社が千代田区・中央区・港区の都心3区に集中している。日本の国土のわずか1万分の1の地域に、日本の大企業の半数が立地しているのだ。これは異常というしかない。

ニューヨーク証券取引場の上場企業約2300社のうち、東京と同程度の人口・経済規模を持つニューヨーク市に本社を置いている企業は、200社程度に過ぎない。アメリカの州都では、たとえば中程度の都市であるデンバーにも、フォーチュン・トップ500社に名を連ねる企業の本社が10社もある。どの州の州都でも、日本人にも名を知られた企業が創業時から移転することなく立地している。

アメリカの州よりも日本の都道府県のほうが、互いにずっと近い距離に存在しているというのに、その「遠くて経済効率の低い地方」にアメリカの企業のほうが多く立地している。この矛盾を生じさせている大きな原因が、高速道路料金制度なのである。

また地域経済を支える農業・伝統産業には、野菜や木材をはじめ、漆器や陶磁器など単価に比べて重くかさばる製品が多い。それだけに電子機器などより物流コストが割高となる。距離制の料金制度の下では、中国から大阪まで野菜を運ぶより、東北から野菜を運ぶほうが物流費が高くつくのだ。これでは、地方の農業・伝統産業が衰退しないわけがない。

高速道路料金の定額化は単に物流経費を削減し、物流にかかる時間を短縮するだけでなく、国内旅行を活発化し、人々の交流を進め、ひいては地方の文化・産業を活発化させ、災害時に危険な東京一極集中を是正し、日本産業全体のレジリエンス（resilience＝安全性）を高める効果を持っているのである。

3　高速道路料金の定額化は日本再生の切り札だ

高速道路が本来の機能を取り戻す

高速道路はもともとすべての地域に住むすべての国民が使えるものでなければならない。今のように「遠くの人ほど高くつく」という実質的な不平等があっては、「遠い地域を近くする」という高速道路の本来の役割を果たせない。

高速道路の通行料金を定額化することは、高速道路の使い勝手をよくすることだ。より詳しくいえば、使いにくいために本来の機能を発揮できず、あまり使われていないインフラを、本体には一切手をつけず、ソフトだけによって使い勝手を向上させることになる。スマホが一気に普及したのも、ガラケーより使い勝手がよかったからだ。機能としてはｉモードを搭載したガラケーと根本的には変わっていないが、使い勝手は飛躍的に上がった。

使い勝手がよくなれば、高速道路の利用は確実に進む。今は2万7700台でしかない全高速道路の1日当たり平均利用台数が、新東名の1日当たり利用台数5万7100台に近づく。

今は閑散として宝の持ち腐れとなっている地方の高速道路も、国道以上に活用されるようになる。それは、動脈硬化の治った体のようであり、主要機械の使い勝手がよくなった工場のようなものだ。一部の熟練工しか動かせなかった工作機械が新入工員にも動かせるようになったら、工場は一気に活気づき、効率的になる。

定額化すればETCもいらない

今、国では高速道路の利用をETC搭載車だけに限定しようという動きがある。コロナ禍の状況の下では、入口と出口で通行料金を徴収する人たちの健康維持が難しいことが原因だという。しかし、実際には出入口に人を置くのが無駄だと気づいたからだろう。あるいはもともとETCを導入した時から、それは考量されていたとも考えられる。

いずれにしろ、料金徴収に要する経費が、ETC車の場合には1台当たり36円なのに対して、現金車の場合は1台当たり217円（2018年国交省発表値）と6倍もかかっている現状からきている動きであることは間違いない。理由はともあれ、いずれ国交省はETC搭載車しか高速道路を利用できなくするだろう。

その根拠のひとつとしているのが、2020年6月時点で、高速道路を利用する全車両に占める「ETCを搭載していない現金車の割合」は7・2％で、最もその比率の低い東京アクアラインに至っては1・9％しかいないからだという。だから、ETC専用としても困る人はほとんどいないというのがこの動きの根拠だ。

だが、7・2％といえども分母が巨大であり、コロナ禍で利用者が少なかった2020年6月の1カ月だけでも2億4800万台もあり、ETCを搭載していなかった車は1800万台もいる計算になる。国交省が「たった1・9％しか現金車がいない」という東京アクアラインでさえも、1カ月の通行台数137万台のうち、現金車が2万6000台もいるということを忘れてはいけない。

この数字を「たった」とみなす国交省の職員は憲法をどう考えているのだろうか。憲法第14条には「すべて国民は、法の下に平等であつて、人種、信条、性別、社会的身分または門地により、政治的、経済的または社会的関係において、差別されない」とあり、第15条第2項には「すべて公務員は、全体の奉仕者であつて、一部の奉仕者ではない」とある。1カ月に1800万台もの車はどうでもいいというのだろうか。この数字は実に徳島県の全自動車保有者が毎日高速道路を利用したのと同じ通行量だ。

しかも、この通行料を現金で支払う車の「外側」にも国民がいる。つまり、7・2％の現金利用者以外に、ETCを搭載していないため、泣く泣く高速道路を使わない、いや使えないと諦めている人がいる筈だ。

ETCは2001年の11月30日から全国の高速道路で利用が開始され、理事長が元国交省道路局長である一般財団法人ITSサービス高度化機構によると、2020年3月までに累計で7052万7860台に装着された。ところが、2020年3月時点での自動車登録台数は8184万9782台である。

万一「この20年間にETCを装着した車は1台も廃車の憂き目に遭っていない」とETC論者に有利な仮定の上で計算しても、16％もの車がETCを搭載していないことになる。この20年もの間、同じ車に乗り続けた人はほとんどいないだろうから、実際には16％より遥かに多くの車が現在でもETCを搭載していないと考えられる（本来なら、国交省が現実の登録自動車台数に対するETC搭載車の割合を把握し、公表すべきだが）。

すべての国民のために使われるべき国の重要インフラである高速道路は、平均3万円前後のETC機器を買い、さらにクレジットカードを持っている国民だけにしか使わせないというのは、憲法違反ではないのか。料金徴収にかかる費用が高過ぎるというのなら、本来、少数を無視することなく、安く済む手を考え出さなくてはいけないのだ。

もちろん、高速道路料金の定額化は、その徴収費用も安くできる。出口での複雑な料金徴収が必要ないからだ。入口で普通車なら400円を支払えばそれで済む。現金でもスイカでも、あらゆる電子カードマネーに対応する徴収機を置いておけばいい。電子カードマネーなら停止・支払い・発進も数秒で済む。これなら、入口渋滞も今より減る。しかも、出口はただ素通りするだけでいい。高速道路の渋滞原因は出口で起こっているのであって、入口ではあまり起きていない。

そもそも、定額制の下ではETCという複雑な機構は必要ない。あれは、走行距離によって1台1台違う料金を計算・徴収するために生み出されたシステムだからだ。車種ごとに決まりきった料金を徴取するならもっと簡単なシステムでよかった。高速道路原則無料のアメリカでも、渋滞を避けるため一番外側のレーンだけは有料としているところが増えているが、その料金は、クレジットカードを持っていなくても銀行口座を持っていれば簡単に入手できるEZパスというスイカのようなカードをカードホルダー（8ドル前後で売っている）に取り付ければ済む。ＥＺパス自体は、費用はかからない。あとは利用するたびに、ちょうど日本で犯罪防止のために車のナンバーを読み取る「Ｎシステム」のような高い位置に取り付けられた徴収機によって、電波を利用して徴収される。だから当然、出入口にゲートなどない。

利用距離によって徴収料金が異なる複雑怪奇な制度を採っていなければ、アメリカ同様に整備費もＥＴＣシステムよりも遥かに安く済むシステムでよかったし、先に述べたように現金を含めすべての電子カードマネーに対応する料金徴収機を置くだけでも十分な筈だ。

高速道路の利用が進めば環境と経済効率がよくなり、交通事故死亡者が減る

高速道路の使い勝手をよくする定額化によって、高速道路の利用は一気に増えるだろう。そうなれば、今は欧米の半分程度の16％でしかない全自動車交通に対する高速道路分担率を、政府が目標とする欧米並みの自動車総走行距離の30％に引き上げることも容易だろう。

信号がない高速道路は、本来とても効率のよい道路だ。高速道路の使い勝手がよくなり、利用率が増えれば、さまざまな面で効率がよくなる。16％の高速道路分担率が30％に増えると、ガソリンの消費量は、年間で４００万キロリットルという一体どれだけの量か想像がつかない

ほどのレベルで減少する。高速道路の利用が増えれば、ＳＤＧｓの達成にも大きく貢献できる。

定額化で多少は高速道路が混むと思われるが、そもそも先に述べたように、最も酷い渋滞が起きているのは出口渋滞だ。だが、定額化によって出口を簡単に増やすことができるため、出口渋滞は簡単に解消できる。残る渋滞原因は「サグ部」と呼ばれるカーブや上り坂のいわゆるブレーキの連鎖が起きやすいところだけだが、これを考量しても、高速道路は信号がある一般道路と比べると遥かに渋滞しづらい道路だ。だから、16％の高速道路分担率が30％に増えると、渋滞による経済損失が7億人・時間も減る。これを経済価値に直すと、7億時間に日本の平均時給２０１４円を掛けた１兆４０９８億円も削減できることになる。

さらに、最も重大事故が起きやすい「交差点」がない高速道路は、とても安全な道路だ。その利用が増えると、当然に交通事故が激減する。交通事故死者だけでも年に６００名も少なくなると試算されている。これらの数字は政府自身が試算した数字である。

また、こうした数字には表れていない副次的な効果も大きい。渋滞が減れば、経済損失が減るだけでなく、運転手の疲労も7億時間分も減るということだ。走れば走るほど高くなる通行料金のために、今は仕方なく「下道《したみち》」と呼んでいる一般国道を走らされているトラックやバスの運転手の疲労は激減し、料金の安い時間帯を狙ってサービスエリアで仮眠を取るという無駄な作業もしなくて済む。

現在行われている「大口多頻度割引」(簡単にいうと1カ月500万円以上の通行料を支払う大手の会社のトラックに対し、最大40％の割引を行うという制度)という大手運送業者だけを優遇する制度から漏れた小規模運送業者も、定額化によって、高速道路を利用しやすくなる。トラック運転手が3Ｋ職業ではなくなるかもしれない。

物流費が減少すれば、地方の工場立地が増えて、過疎化が止まり、人口が増える

高速道路の通行料金を定額化することによって、長距離・大重量の物流費用が低くなるだけではない。高速道路の使い勝手がよくなることで、高速道路を利用できる物流が増え、同じ距離の走行時間、つまり物流に要する時間が減る。ということは通行料金だけでなく人件費も減るし、時間も減るということだ。実際にどのくらい減るのかは研究者に任せるが、国交省のデータによると、一般国道の平均旅行速度は36・5km／h(2005年度)だが、高速道路のそれは71・1km／hと一般国道の約2倍だ。つまり、高速道路を利用すれば物流時間が半減する。

この効果はとても大きい。文字通り、遠い地域が費用的にも時間という物理的な意味でも近くなる。当然ながら首都圏・中京圏・京阪神圏から離れた地方も、その土地の安さ、広大な土地を用意できる点などの有利性を活かした工場誘致ができるようになる。高速道路の定額化によって初めて地方が同じ土俵に立てるようになるのだ。

工場立地が進むだけではない。物流費が低額化し、物流時間が半減すれば、当然のことながら地方の産物を首都圏に売ることが容易になる。今までは東京近郊の農産物で占められていた農産物も、北海道や東北からも売れるようになる。その他の産物も同様だ。モノが売りやすくなればそれだけ収入も増える。すると、自動的に働く場所――つまり「職」も増える。

工場の立地などで、地方の「費職住」が充実していけば、定住人口も増えていく。移住は今より遥かに進むだろう。少なくとも「知らない土地」、あるいは「職がない」「不便」といったマイナス要因が確実に減少する。結果として、東京一極集中が解消に向かうと考えられる。

合計特殊出生率が1・42と世界でも最低レベルにある日本の出生率だが、その中でも東京は1・20と特に低い。地方から若者を吸い込む一方で出生率も低いことから、東京は人口のブラックホールともいわれるが、一極集中が解消に向かうということは、そのブラックホールが小さくなることを意味する。日本の出生率向上にも寄与する筈だ。

地域と地域が近くなれば交流が活発化し、新たな文化・産業を生む

高速道路の使い勝手がよくなり、その機能が発揮されれば、元来の目的のように、地域と地域が近くなり、交流が進む。観光も含めた国内旅行は確実に増える。

それだけではない。地域と地域が近くなり、人・モノ・情報の交流が活発化することで、新たな価値が地域ごとに生み出される。これこそが定額化による交流活発化の最大の効果だ。人は自分では自分の顔を見ることができない。自分の顔を見るには鏡が絶対に必要だ。地域も同じで、自分の住む地域の良さも悪さも、その地域にずっと住んでいてはわからない。

岐阜県美濃市に、小倉山城の城下町として発展した古い家屋群がある。街道沿いの家々に防火施設である「うだつ」があることから「うだつの上がる町並み」として近年は観光客が増えている。ただ、20年ほど前までは、地域の人たちは自分たちの町のよさを知らず、単に古くさい家が並んでいるとしか思っていなかった。むしろ、多くの住民が新しくてきれいな家に早く建て替えたいと願っていた。

だが、隣県に住む大学教授がこの町の素晴らしさに気づき、住民たちを説得して回った。それでも住民たちの意識は変わらなかったため、この大学教授はすでに小京都として知られてい

た山口県の萩に住民たちを連れて行ったという。そこで初めて、住民たちは自分たちの町の価値を知り、建て替えを止め、国の「重要伝統的建造物群保存地区」の登録を申請したのだ。

地域では単に古い、あるいはみすぼらしいとさえ思われているモノが、旅行者にとっては掛け替えのない素晴らしいモノであるケースは至るところにある。これらの価値は地域にいるだけではわからない。ほかの地域との交流によって初めてその価値に気づく。そして、ほかの地域のよさを採り入れることで、また新たな文化と価値が生まれる。江戸時代、幕府による参勤交代という強制的地域交流が、各地域に新たな物産、新たな価値を生み、ほかの地域に伝播させるシステムとして機能したように、地域と地域の交流は、新たな文化と価値を生み出すのだ。

コロナ禍の今こそ定額化を！

定額化によって初めて高速道路は日本の地域間をつなぐ大動脈となり、文字通り日本をひとつにできる。人・モノの交流を活発化させ、その時間を短縮する。万が一、定額化によって混み過ぎる高速道路が発生したら、その時には増大した料金収入の利益を車線増や新路線建設に注ぎ込めばいいだけだ。

今すでにある高速道路という国民の資源を有効活用し、1円も使わず、誰も損をせず、今すぐにできる施策がほかにあるだろうか。日本をひとつにし、日本を元気にする処方箋があると知っているのに、それを実行しないのは、ある意味で犯罪行為とさえいえるのではないだろうか。

今、日本はコロナ禍の真っただ中にある。たとえ、ワクチンが開発されて終息したとしても、このコロナ禍よって被った未曽有の不況から脱出するのは容易ではない。特に、観光業をはじめ、商業・サービス業の受けた打撃はあまりに大きい。

だからこそ、国も蛮勇といえる勇気を奮って「GoTo」キャンペーンに多額の国費を投じたのだろう。だが、それも赤字財政の下では長くは続かない。ならば、費用がかからない「高速道路の定額化」を今こそ直ちに実験的にでも始めたらどうだろうか。そうすれば、間違いなく国内旅行が増える。なにせ、東京から大阪までの旅行代金が3万円も安くなるのだから、「GoTo」キャンペーンで上限2万円の割引以上の効果があることは間違いない。まずはコロナ禍から脱却する期間だけの限定施策として実施してもいい。

上限1000円走り放題をした時には、土日限定であり、乗用車限定だった。つまり、工場ではなくさなくてはならないピークを自ら作ってしまい、混む日と混まない日の山と谷がある波を作った。それが渋滞の原因にもなった。もちろん、定額ではないため、出口での料金決定・徴収が必要であったため、出口を簡単に増やすこともせず、またすぐに降りることもできなかったために出口渋滞も巻き起こした。

だが、定額化は違う。全車種対象であり、全日実施だ。ピークは低く抑えられる。また、長期的に実施していく中で、出口を簡単に作ることができ、一宮や海老名インターなどの出口渋滞をなくすことができる。上限1000円走り放題をした時には年間1500億円の収入減になったと国交省は言っている（一方で8000億円の経済効果があったと自賛している）が、それは全車種を対象に行わなかったからだし、現在平均で料金収入は800円でしかないのだから、全車種平均化すると800円になるように車種ごとに料金を設定すれば、高速道路を利用する車が減らない限り減収にはならない。

万万が一、上限1000円走り放題をした時のように1500億円の収入減が起きたとしても、「GoTo」キャンペーン経費の10分の1以下でしかない。コロナ禍から脱却するには、経済の主人公である全国の国民の心に開放感を吹き込めるほど大胆な施策が絶対に必要だ。高速道路料金の定額化がそのひとつであることは間違いない。

終　章

日本をひとつにした定額制の元祖

永久欠番の切手

野球界では、王や長嶋など名選手を讃える最高の処遇のひとつに、彼らがつけていた背番号を永久欠番にするというのがある。

同じように、毎年100を超える記念切手、シートが発行され、また料金改定のたびに新しい金額の切手が出て、その都度、図柄が変わる切手の世界においても、永久欠番といえる「絶対に変わらない絵柄」があるのをご存じだろうか。

それは、1円切手の前島密《ひそか》の肖像である〈図表29〉。郵便事業が国の事業から郵便局株式会社に変わり、そして日本郵政株式会社に変わっても、そして今後また違う組織が扱うことになっても、基本切手である1円切手の図柄が前島密から変わることはないそうだ。

前島密の図柄が永久欠番である理由は、現在の郵便制度を作ったといえる人物が前島密であるからにほかならない。

前島密が明治政府に「郵便制度の確立」を建議したのは、明治になって間もない1870年(明治3年)5月のことであり、早くも翌1871年の1月には東京・京都・大阪間に郵便役所が開設され、東京—大阪間の郵便制が始まっている。

また、同年4月20日には世界最初の切手であるペニー切手に遅れることわずか31年で、日本最初の切手である4種類の龍文切手が発行されている（このため、4月20日を含む1週間は、現在でも「切手趣味週間」として必ず記念切手が発行されている）。

そして、1873年には一気に全国1100を超える郵便局を設けて、全国で郵便制度が開始された。ちなみに「郵便」「切手」「葉書」という名称の名づけ親も前島密である。

郵便制度の建議からわずか3年足らず

図表29　前島密の肖像が描かれた1円切手

で全国に1100もの郵便局を設けることができたのは、各地域のことを実に詳細に把握し、江戸時代には幕府や藩のお触れを地域の住民に知らせる役目を負っていた名主たちに「政府の役職を提供する」と名誉欲を刺激して、彼らを郵便局長にしてしまうという前島密の卓抜なアイデアによる。

この方法によって、前島密は郵便局を整備するのに、できたばかりの政府の金を使うことなく、そして実に素早く、全国津々浦々まで郵便制度を行き渡らせることに成功している。

江戸時代の手紙、飛脚は遠いほど高くなる距離制料金だった

では、前島密が郵便制度を整備する前、江戸時代には日本に郵便制度に類するものはなかったのだろうか。箱をつけた木の棒を肩にして黒いシャツのようにも見える腹掛けを着て、尻っぱしょりで街道を走りゆく飛脚の姿を時代劇で見た人は多いのではないだろうか。そう、すでに江戸時代日本には幕府の手により飛脚制度が敷かれていた〈図表30〉。

行政の中心・江戸と経済の中心・大阪との間では情報の伝達が必須であり、この区間は特に情報伝達の手段である飛脚制度が発達していた。政府である幕府が使う継飛脚《つぎびきゃく》のほか、商人間

を中心に庶民が使う常《じょう》飛《び》脚《きゃく》制度が発達し、毎月決まった日に出発し、約10日で江戸から大阪まで手紙を届けることができた（そのために「十日飛脚」とも呼ばれた）。その料金は銀５分程度だったという。

銀は10分で１匁《もんめ》、銀60匁が金１両と等価だったから、銀１分は一両の６００分の１に相当する。では、銀１分は現代の価値に直すといくらぐらいだったろうか？　落語の「時蕎麦」にも出て来るように、当時、夜泣き蕎麦は16文だった。現代の立ち食い蕎麦を平均４８０円とすると、１文は約30円になる。４０００文

図表 30 「東海道五十三次・水口」に描かれた飛脚

で1両だから、1両は30円×4000文で、現代の12万円程度と考えられる。

したがって、銀1分は12万円÷600分で約200円だから、江戸から大阪まで手紙を送る常飛脚の値段は、現代の価値に直すと200円×5分で約1000円ということになる。江戸時代も手紙のやり取りは、意外に安かったという感じがする。


ところが、これは江戸と大阪間だけの話で、その他の地方に手紙を送ろうとすると、話は違ってくる。今の電車や高速道路のように距離制、つまり遠ければ遠いほど高くなる料金制度になっていたのだ。ちなみに、幕末に勤皇の志士たちが集まっていた長崎から江戸まで手紙を届けるには、銀80分だった。銀1分は、前に計算したように現代の価値で約200円だから、銀80分は1万6000円前後の感覚になる。

これでは、収入の少ない下級武士が多かった志士たちが手紙で情報をやり取りしようとするのは、かなり困難だっただろう。しかも、時間が20日ほどもかかる。

この時間を短縮しようとすると、料金はさらに跳ね上がった。江戸と大阪間でも「六日限《むいかぎり》」という6日(常飛脚の倍速)で運んでくれる速達を頼むと、金1朱かかった。金16朱で1両なので、1両=12万円を16で割って7500円と、通常料金の7・5倍にもなったわけだ。長崎と江戸の間を速達便で情報を届けようとすれば、江戸・大阪間の常飛脚と六日限の比率で考えると12万円にもなる。よほどの重大事でもない限り、速達で江戸の藩邸とのやり取りはできなかっただろう。だから、志士たちは大事なことは自分自身で江戸の藩邸や仲間に伝えに行った筈だ。

日本を「ワンチーム」にした全国均一料金の郵便制度

これに対して、前島密が郵便制度を創り出した時、手紙の料金は1銭だった。1銭というのは、当時の巡査の初任給が9円で「喰えんと泣かれた」ということを考えると、1円が現代の約2万円くらいであり、1銭はその100分の1で約200円となる。金持ちだけの通信手段だった飛脚が、これで一気に庶民も使えるようになったのだ。

だが、前島密が偉大だったのは、「郵便」制度が「飛脚」制度と違い、全国一律の料金だったことが何より大きい。

つまり、前島密の全国一律の定額制郵便料金により、長崎・江戸間が1万6000円だった手紙の配達料金は、一気に200円まで下がったことになる。誰もが距離を考えずに気軽に手紙を出せるようになったのだ。前島密は南北3000㎞の日本の距離を一気に縮めた。

これにより、日本国内における情報の流通が一気に活発になったことは容易に想像できる。実際、前島密が郵便事業を開始した1871年(明治4年)に56万6000件だった郵便物は、わずか2年後の1873年には約20倍の1055万1000件にも増え、1876年には3806万件と、ついに人口を超えている。これは、江戸時代には親の生き死にや月々の決算報告など、よほど重要な情報でなければ伝え合わなかったのが、時候の挨拶から日々の暮らしの状況まで、日本中で多くのやり取りがされるようになったことを示している。

日本は郵便料金の均一化によって、初めてひとつの言語が津々浦々にまで浸透し、ひとつの国家になったといえるかもしれない。

これがもし、江戸時代のままの距離制で、東京と長崎の間では1通1万6000円もかかったら、首都東京で起こったことはいつまでも地方には届かず、また地方の事情も東京は知らずにいたことだろう。これでは、日本がひとつの国家として機能したかどうか疑わしい。

江戸時代、各藩は幕府に従うといっても、幕府は藩内のことには口を出さず、また藩主の意見を幕府が聞くということもなかった。日本は３００もの藩がそれぞれ勝手に、それぞれの地域を統治する、いわば分裂国家だった。参勤交代制度のお陰もあって、江戸で生まれた文化は、浮世絵などの土産物となって各地域に広まりはしたが、その逆はほとんど起こらなかった。

薩摩藩の言語である薩摩弁と津軽藩の言語である津軽弁は、英語とフランス語以上に違い、比較的、近い藩である薩摩藩と長州藩の藩士の間でさえ、直接会話することは不可能であったといわれている。そのために、薩摩藩の西郷隆盛と長州藩の木戸孝允は、武士に共通する素養である漢文で会話したという話もある。

前島密が江戸時代の制度を踏襲して、郵便料金を距離制にしていたら、日本語が日本中で使われるようになるのは、ラジオやテレビの普及を待たねばならなかったかもしれない。

郵便を全国均一料金にした前島密の狙い

先に述べた通りに、世界で初めて郵便制度を確立したのはイギリスであり、そのイギリスの郵便制度を確立したローランド・ヒルは、数学者であったチャールズ・バベッジと共に全国一律料金制度を採用した。

その理由の大きなものは、それまでの「配達距離の遠近によって料金が違う郵便制度」をつぶさに研究した結果、意外なことに「郵便物の集配地までの移動に要する経費」よりも、「郵便物の収集と、その料金を決定・集金するための作業にかかる経費」のほうが大きいことだった。そのため、あらかじめ郵便物を出す時に均一の料金を収集するプリペイド方式のほうが効率的であるとわかり、全国一律の料金制度を採用したのである。

これは、前島密が建議する31年前のことだが、彼はイギリスの制度をただ模倣して建議を行ったわけではないと考えられる。なぜなら、前島がイギリスに渡って郵便制度を含む国政を研究したのは、建議を行った後だからである。

どうして前島密が郵便料金を全国一律の料金にしたのか。それは彼の経歴が物語ってくれる。前島は現在の新潟県上越市で生まれ、幼少時に父を亡くした後は、母に厳しく育てられた。7歳で糸魚川の叔父の元に移って教養を深め、医学を修める。さらに、わずか12歳で江戸に出てオランダ医学を学び、兵法や西洋事情にも触れ、ペリー来航時には接見役である井戸石見守の従者として浦賀に赴いた。

その後、国防考察のため、前島は全国の港湾を見て回っている。その旅は、北陸道、山陰道を経て、下関から船で豊前小倉に渡り、九州西海岸を経て、長崎に至り、肥後、日向を経て四国に入る。さらに伊予、讃岐から紀伊に渡り、伊勢から船で三河に渡った後、東海道を東上して伊豆、下田に至り、船で江戸に帰るというものだった。さらには、砲術を修めた後に箱館丸に乗り込み、約7カ月の航海実習を行って日本を周回しているほか、明治維新の3年前には鹿児島で英語を教えてもいる。

つまり、たいていの人間が、日本を300にも分割した小さな藩の中だけで人生を送らざるを得なかった幕藩体制の日本において、前島密は稀有といえるほど日本全国を知っていた人物だったのだ。

そして、日本中を見て回る中で、西洋諸国に対抗できるように日本をひとつとして発展させるには、情報と人とモノの流通が阻害されることなく活発になること、そして、日本人一人ひとりが賢明になることが重要だと考えていたと思われる。その証拠というわけではないが、前島は郵便制度の建議を行う少し前には、鉄道の敷設とその料金体系について、「鉄道憶測」として、人とモノを素早く移動させる必要があると政府に報告している。

また、あまり知られていないが、郵便制度と同時に江戸時代からの飛脚制度を担ってきた全国の飛脚問屋をまとめ上げて、現在の日本通運の前身となる運送会社を興している。つまり、前島密は明治の初めに日本の人・モノ・情報の流れを一気に活発化させたのだ。

その中でも前島が特に力を入れたのが、人間の知を向上させるための「情報流通の活発化」だったといえる。彼は単に情報を活発化させるために全国一律の郵便料金を採用しただけでなく、全国に情報を伝えるべき新聞を送る鉄道料金は一般郵便よりも低額にし、さらにその原稿を送る郵便料金は無料としている。それが現在でも定期刊行物や通信教育のための答案・添削結果を安く送れる第3種・第4種郵便の制度として生き残っている。

前島密は、単に安く情報を日本中に行き渡らせる制度を作っただけでなく、同時期に報知新聞を作り、積極的に政治・経済・社会の情報を日本中に届けようともしている。さらには、日本人の知の向上を目指して、日本初の盲学校である訓盲院や早稲田大学の設立にも尽力している。また、当時の話し言葉と書き言葉とがあまりにも違うことが、知識の吸収のための弊害になると考えて、言文一致運動を起こしたり、漢字の学習に四苦八苦することが肝心な知識の習得を遅らせると考えて、ローマ字での表記を推し進めたりもしている。

　これらのことからも、郵便料金を距離制ではなく全国一律の定額制としたことは、先進国イギリスの単なる模倣ではなく、前島自身の「日本をひとつの国にしよう」という強い意志の表れだったのではないか。

　さらに彼は、人・モノ・情報の次には、郵便局で為替を扱うほか、保険も始め、経済の要であるお金を日本中に行き渡らせる流通の道をも切り拓いている。

近代日本の経済基盤を創り出した2人の幕閣

　余談になるが、前島密が鉄道と郵便制度を建議したのは、明治政府から請われて民部省の改正掛という近代日本建設のためのシンクタンクの役割を果たした部署にいた時だった。そして、この時にこのシンクタンクをリードしていたのが渋沢栄一であり、2人は同僚だった。

　そして、前島密が鉄道・郵便・物流と、日本の人・モノ・情報の流れをよくする、いわば「動脈」となる社会基盤を作り、渋沢はその社会基盤を利用して、モノを作り、売る経済組織、いわば前島が作った動脈を流れる「血」そのものを作った。

近代日本の黎明期に、日本の民間活力が発展する基礎を築いた2人だが、共に薩長の武士ではなく、最終的な身分は幕府の旗本だったことは興味深い。そして、実は彼らを強力に後押しした人物がいたのだ。前島密には「欧米に渡ったら郵政と鉄道を研究するように」と諭し、渋沢栄一の渡欧費を工面して、彼に「銀行と商社を調べたまえ」と言ったその人物は、幕末に勘定奉行・軍艦奉行・陸軍奉行などを歴任した小栗上野介である。

彼は日本人初の公式な外交官の1人（目付という役）として、日米修好通商条約の調印のため、ポーハタン号でアメリカに渡り、その後、世界一周をしている。勝海舟が乗った船として有名な咸臨丸は、このポーハタン号のお付きの練習船の位置づけだった。ちなみにこのポーハタン号に、小栗らの提言によって日本の国旗として日の丸を掲げたのが、日の丸が「日本の国旗」として使われた最初とされる。小栗は朱子学の素養から日の丸を知っていた。

この旅行の中で、彼は近代化というものの実体を知った。そして、日本にも商社や銀行を作って、経済で欧米と対等に渡り合い、生まれた利益で郵便や鉄道を開き、日本を活性化しようと考えたのだった。

実際、小栗上野介は横須賀に本格的造船所と鉄鋼所という重工業の礎を築いただけでなく、同時に日本初の商社である「兵庫商社」（坂本龍馬が亀山社中を作る1年前に、鴻池など大阪の豪商の資金百万両を集めて設立している）を作り、「政府がすべき政策に民間活力を利用する」という、現在まさに政府が活発に行おうとしているＰＦＩ方式で、現在の清水建設を使って東京・築地に初の洋式ホテルを作らせてもいる。これらの実績から、司馬遼太郎は小栗のことを「明治の父」と呼んだ。

小栗上野介と共に幕府の使節の一員としてアメリカに渡り、『痩せ我慢のすすめ』の中で小栗を「三河武士の鑑《かがみ》」と褒め称えたのは福沢諭吉だった。

明治期に日本の経済の基礎を築いた前島密と渋沢栄一、さらには、教育の充実に力を尽くしたのが福沢諭吉であることを考えると、薩長の武士ではなく幕閣が日本をリードをしていたら、と考えたくなるが、その話はまたの機会に。

【著者略歴】

栗岡完爾（くりおか・かんじ）

1959年慶應義塾大学経済学部を卒業し、トヨタ自動車工業（現トヨタ自動車）入社。生産管理や購買、営業など幅広い業務を経験したのち、1996年トヨタ自動車代表取締役副社長。1999年千代田火災海上保険(現あいおいニッセイ同和損害保険)取締役会長、2000年TFS（トヨタ金融会社）取締役会長、2004年よりトヨタ自動車相談役。同年に名古屋商工会議所副会頭に就任し、地元経済界の代表として愛知万博を成功させ、後継事業である異業種交流会「メッセナゴヤ」を立ち上げた。

近藤宙時（こんどう・ちゅうじ）

1981年中央大学法学部を卒業し、岐阜県庁に上級職採用。主に企画・経済振興を担当し、2001年には情報システム戦略的アウトソーシング事業の計画立案により日経電子自治体大賞を受賞。観光課総括管理監、岐阜市商工労働部次長、情報企画課長、新産業振興課長、企業誘致監等を歴任。現在、中小企業団体中央会専門員、中小企業庁認定経営革新等支援機関、特定行政書士。

本書の内容についてのお問い合わせ先　teigakuka@w-i-n.jp

地《ち》域《いき》格《かく》差《さ》の正《しょう》体《たい》

2021年 12月 1日 初版発行
2022年 5月20日 第2刷発行

発行　**株式会社クロスメディア・パブリッシング**

発行者　小早川幸一郎
〒151-0051　東京都渋谷区千駄ヶ谷4-20-3 東栄神宮外苑ビル
https://www.cm-publishing.co.jp

■本の内容に関するお問い合わせ先 ………………… TEL (03)5413-3140／FAX (03)5413-3141

発売　**株式会社インプレス**

〒101-0051　東京都千代田区神田神保町一丁目105番地

■乱丁本・落丁本などのお問い合わせ先 ……………… TEL (03)6837-5016／FAX (03)6837-5023
service@impress.co.jp
(受付時間　10:00～12:00、13:00～17:30　土日・祝日を除く)
※古書店で購入されたものについてはお取り替えできません

■書店／販売店のご注文窓口
株式会社インプレス 受注センター ……………………… TEL (048)449-8040／FAX (048)449-8041

カバーデザイン　華本達哉 (aozora)
本文デザイン・DTP　荒好見
図版　三重野愛梨
印刷・製本　株式会社シナノ
ISBN 978-4-295-40551-1 C2033